U0718045
9787522129136

我带着爱、光明和感激

将此书献给我的丈夫也是我最好的朋友

布莱恩 · 格里森（Brian Gleason）

感谢你爱我和我的一切不完美

同时也献给我亲爱的玩伴狗狗也是我的毛孩子

奥利弗（Oliver）

你是爱和忠诚的化身

你以极大的耐心教我怎样休息放松、日常玩耍

并且永远活在当下

推荐序

我了解杰奎琳·惠特摩尔的作品是通过她的第一本书《优雅的力量（职场版）》（*Business Class: Etiquette Essentials for Success at Work*），后来也有幸结识了她本人。那本书我读得极为认真，书中布满了下划线还有记号笔的标记，以至于字迹都难以辨认了，于是我只好又买了一本。我从《优雅的力量（职场版）》中学到了很多，甚至觉得在商务礼仪方面不会再有哪本新书能为当代职场人士提供更新鲜的内容了。可是在《优雅的力量（升级版）》一书中惠特摩尔从礼节上升到原则，从一般的礼貌上升到特殊的关怀。有的人费力才打开通往成功的大门，而有的人面前一片坦途、成功之门自然开放，两者的区别就在于此。

这才是21世纪的礼仪，摆脱无味的说教，培养对自己和他人真正的尊重。《优雅的力量（升级版）》一书的出现恰逢其时。我们生活的时代风云变幻，全球各地每时每刻都有媒体记录着这些变化。我们能感觉到，除了给这家慈善机构或者那家基金会送去支票和一些援助物资之外，我们根本无力改变这个世界的状态。但这又不完全正确：我们可以选择让周围的人自我感觉更好，以这样的方式对待他们，其连锁反应可能传播得比我们想象的更远。

我十一二岁的时候从当月图书俱乐部[1]订购了一本关于礼仪主题的大部头著作，我饶有兴致地发现要是和英国女王打招呼，所用到的方式将完全不同于同一般的公爵夫人或者伯爵夫人打招呼。唯一的问题就是我们堪萨斯城（Kansas City）没有王室，所以那本书读起来更像一本小说或者奇幻作品，而对我与生活中真实的人进行联系没有什么指导作用。《优雅的力量（升级版）》这本书正好与之相反，其亮点正在于此。

惠特摩尔是一个真实的人，她在书中分享了自己低微的出身、从母亲那里得到的教训，还有各种工作经验，正是这些经历让她一步一步攀上成功的阶梯。她现在是棕榈滩礼仪学校（The Protocol School of Palm Beach）的创始人和院长，也是商务礼仪方面权威的专家。她能取得今天的成功可不是因为她简单地知道正式晚宴要用哪个叉子，尽管她确实知道。在我看来，她成功的秘诀在于两个方面：首先，了解他人的要求并采取行动，外表、细节、还有一些小事都很重要；其次，关心身边的人，可以面对面交流、也可以打电话或者通过电子邮件表达对身边人的关心。要给每个人以同等的关心，不论他是你的老板，还是闪耀的明星，抑或一个不知道名字的陌生人。这个人现在的工作或许不是他小时候的理想，不

[1] 当月图书俱乐部：美国的一个图书推销组织。——译者注

是那个每当被问起“你长大想做什么？”时给出的答案。

关于如何取得成功，我们从不缺乏指导，但是惠特摩尔的方法却能让我们无须靠恐吓取胜，也无须练习某些意念法，去让自己变得有钱、有名、有权。相反，她提供了一些实用技巧，我们可以用来给自己、给我们的天赋和身边的人增加更大的价值。她向我们展示了如何利用我们的知识、技能和独特性，为公司、客户甚至整个世界提供不容错过的裨益。

所以，尽情享受吧。你即将读到一本令人愉快又对你大有帮助的书，也许还没读完一半，你就会将书中的建议付诸实践了。这样做的结果就是，你会更喜欢自己一点，与每个人（甚至是那些难对付的人）都会相处更融洽，并且你很快就会意识到，你已经培养了自己一种本能就是知道“下一步要采取什么正确行动”，你还会知道什么时候该大声陈述，什么时候该按下“发送”键，什么时候该优雅从容、静待成功。

维多利亚·莫兰（Victoria Moran），《创造迷人生活》的作者

前言

运气就是机会遇到努力。

——塞涅卡（Seneca），古罗马哲学家

如今的就业市场竞争激烈，又有这么多聪明能干的人，你该如何参与竞争呢？一个不争的事实就是，那些取得成功的人往往能够鼓起足够的勇气，敢于冒险，并与他人真心沟通。

当你渴望成功，既有能力判断机会也有意愿采取行动（尤其是包含一定风险的行动）的时候，你就有了改变职业生涯的潜力。成功就是这样的。你现在的位置和你想要达到的目标之间通常不是一条平坦的直路，这条路可能蜿蜒曲折、崎岖不平，但它就在那里。这条路叫作野心，它通向成功。

成功绝非偶然，而是不断努力才可获得。成功人士并不比其他人聪明，他们只是比其他人训练得更多。名人堂篮球运动员埃德·麦考利（Ed Macauley）曾经说过："记住，当你不训练的时候，有人正在别处训练，当你们相遇的时候，他就是赢家。"成功的人愿意利用眼前的一切机会，他们不断地向自己的目标前进，有时会大步流星，但大多时候都是小步向前，不过他们终将成功。要想做得更好，无论是在体育、音乐等方面，还是建立更好的业务关系方面，你都必须勤加

练习。不管你是朝着一个职业目标努力，还是梦想有一天拥有自己的公司，这本书都能帮你靠近自己的理想，它将向你展示怎样与能帮助你实现目标的人建立联系，但你必须多多练习。

当我撰写我的第一本书《优雅的力量（职场版）》时，我列举了一些故事和例子，说明为什么要掌握"软"技能（沟通、交际和良好的举止），而这些曾经的"软"技能现在成了硬需求。那本书在当时大获成功，但是要想成为最好的自己，你需要知道的远远不止是如何正确地握手或使用刀叉。这就是我决定创作本书的原因。

《优雅的力量（升级版）》所讲的不是关于礼仪和礼节，而是关于如何建立更持久、更有意义的关系，以及如何把他人放在你人际生活的首位。无论你怎样定义成功，通过学习如何培养四种个人品质——气质、风度、职业精神和激情——你就可以推动自己迈向成功。成功既是旅程也是目的地。本书的目的就是让这个旅程——你的旅程，成为一个认真又有意义的过程。

阅读本书是对你自己的一次投资，它能帮助你尽一切努力做好准备，等待机会来敲门。把这四种不寻常的品质运用到日常生活中，你将会打开自我，迎接那些可能错失或者擦肩而过的机会；你将增进人际关系，拓宽视野，更有信心地迈向事业的新高度；你将为成功做好准备！

目录

1 第一篇 如何培养气质

2 第二篇 如何培养风度

3 第三篇 如何培养职业精神

4

第四篇

如何培养激情

第一篇

如何培养气质

第一章

优雅是气质的体现

把你最好的东西交给这个世界，它将还你以最佳的结果。

——埃拉·惠勒·威尔科克斯（Ella Wheeler Wilcox），作家、诗人

如果你的职业比较特殊，尤其是马戏团小丑、火葬场运营商、耍蛇人，或者礼仪专家这类的，人们就会对你的性格和背景做出一些设想。就我而言，我的职业是礼仪专家，现在我遇到的很多人都以为我从小过着优越的生活，但事实远非如此。

我出生在佛罗里达中部海恩斯城的一个小镇，我家有五个孩子，我排行第四。我的母亲叫艾尔西（Elsie），她在我五岁那年离开了我那常对她施加暴力、嗜酒成性的父亲，也就是她的第三任丈夫。母亲一个人无法养活我们所有人，所以她不得不做出一个让人心碎的选择，把我的三个哥哥姐姐送去和他们的父亲一起生活。她带着我和弟弟搬进了约翰逊（Johnson）外婆家，直到后来她在一个有些陈旧的中产社区找到了一处能交得起首付款的政府补贴房。

从小到大我都没参加过精致的茶会，也没出席过正式的舞会，更不曾上过私立学校。我的生活极为简朴，身上穿的衣服要么是折扣店买的，要么是表姐穿过的旧衣服。我的很多朋友都喜欢一些特别的活动，例如跳舞、弹琴、夏天的度假，然而这些对我来说都是不可能的。我生长在南方浸信会家庭，童年的大部分时间都在教堂度过，我在那里学会了唱歌和手摇铃。

因为我父亲是一名残疾的退伍老兵，所以我获得了退伍军人福利管理局提供的教育基金，这才有幸上了大学。我在佛罗里达大学主修播音专业，想成为一名电视记者。但是，当我在首都华盛顿的美国有线电视新闻网实习的时候，我的职业梦想很快就破灭了。非常不幸，我厌恶在那里的每一分钟，我意识到自己并不适合广播电视行业。

毕业之后，我并不清楚自己未来想做什么，于是我尝试了很多职业。我在一家高档百货公司做过女装销售助理，在佛罗里达海洋世界唱过歌、跳过舞、当过演员，在迪士尼世界海豚度假酒店做过行政助理和特别活动协调员，还做过美国西北航空公司的空姐。

我在每一份工作中都能找到快乐，也从未想过生活还会变得更好，直到 1993 年我得到了一份梦寐以求的工作。那时候我被世界上最奢华的酒店之一——佛罗里达棕榈滩的白浪酒店聘为公关助理总监。这家被列入美国国家历史遗迹名录的酒店接待过数代富豪和名人，它久负盛誉、富丽堂皇，这里的工作为我打开了一扇门，它通向一个迷人优雅又光明灿烂的世界。这里也成了我提高自身修养的学校。谁能想到有一天这个小镇女孩会在一些世界上最豪华的慈善晚会上就餐跳舞或者与那些她在杂志报纸上见过的名人来往？后来，我还参加了白浪酒店年度行政礼仪训练营，又去首都华盛顿参加了规模更大的商务礼仪认证课程。我因此被任命为酒店的首席礼宾官，让我有机会交往到来棕榈滩的一些世界上最有趣最有影响力的人。

气质的内涵和外延

《韦氏大词典》将气质定义为“一种显著的优雅品质和作用力”。优雅关乎平衡——你对自我的认知和对世界的感悟。它还关乎对自身细微之处的重视，这就意味着你要接纳、包容，并且充分利用自己拥有的一切。它是你无惧尴尬和惊吓，不断前进的渴望。

棕榈滩的生活方式本该令我惶恐不安，但是我极其渴望加入这个振奋人心的世界，这帮我消除了全部的犹豫和不适。我学着去培养自身气质，适应并融入周围环境，就像变色龙那样和环境融为一体。

我母亲常说：“一个人的生活可以在瞬间改变，只需一个电话或者一封邮件。”她是对的。1998 年 8 月，一个潮湿闷热的下午，我毫无准备地接到了那个改变我人生的电话。我的老板打来电话，简单地命令我马上去他办公室。挂断电话的时候，我突然出了一身冷汗——就像有人告诉你一个非常糟糕的消息之前的那种冷汗。到了老板的办公室，我看到人力资源总监就在他旁边，我心中一沉。我的担心立刻得到证实——我的工作岗位要被取消了。

我表面平静镇定地坐在那里，但内心却感到愤怒和失望。我和丈夫刚结婚两个月，我们要还房贷、车贷、婚礼账单，还有其他欠款。但我决定保持镇定，优雅地面对困境，而不是专注于这段经历的消极方面。一个月后，我下决心要冒一个很大的风险，做一件我一直想做的事。我开了一家自己的公司——棕榈滩礼仪学校，这家公司现在仍然发展势头强劲。

这段经历告诉我，无论何时，只要你能在艰难时刻保持冷静和优雅，你就能挖掘出自己最宝贵的内在资源——洞察力、意志力和顽强的毅力。气质有自己的能量源泉。当你沉着冷静、充分练习、自信满满的时候，当你感到自己足够强大、可以移走精神上的大山的时候，你就为成功做好准备了。

世界上大多极有成就的人，从企业家到运动员和艺术家，如果他们没有经历过一些逆境，都不可能取得成功。例如，游泳运动员、奥运会金牌得主迈克尔·菲尔普斯（Michael Phelps），他拥有强健的姿态和强大的气场。比赛中，他能在身体和心理上发展出并保持特定的准备状态，而且能随时将其唤醒。

无论你是运动员、宇航员、企业主还是雇员，气质都是你达到最佳表现的先决条件。有些人认为气质是一种天资或天赋，就像唱歌或者画画的能力，但其实任何人都可以培养气质。它只是一种养成内在安宁或专注感的能力，一种带来巨大平静和内在力量的精神状态。它能让你置身于一种冷静和力量交织的精神状态（如极度的自信），它能让你脱颖而出，达到巅峰表现，在竞争中大放异彩！

气质不像衣服，不是那种可以早晨穿上晚上脱下来的东西，它是你本质的一部分。一旦它被内化，它就会由内向外散发，用自我激励取代自我怀疑和焦虑。别人会被你吸引，是因为你散发出一种“谦虚”的自信和乐观。很明显，你可以提供一些特别的东西。在这本书中，我将解释如何获得那种“特别的东西”。

有修养和气质的专业人士对朋友和陌生人都是自信而不傲慢，沉着而不僵硬，友善而不做作。他们能够向遇到的每一个人，从公司领导到管理员，表达善意。

当你培养起自己的气质，你会得到他人的赞赏。人们不仅想和你发展友谊，也想和你有更多的交往，他们想同你建立业务关系，在某些情况下，甚至可能想和你约会并结婚。（别笑，我就遇到过这种情况。）

第二章

包装自己，以待成功

当你的形象提升时，你的表现也会提升。

——金克拉（Zig Ziglar），畅销书作家和励志演说家

在生活中和在学校里一样，我们会被别人评分。但“评分”的依据不是考试成绩，而是我们的外表。这种隐秘的社会课堂也有好处，那就是每次你穿得漂亮时，就能获得加分。这是为什么呢？因为我们的穿着和举止可以向别人传递我们想要表现的品质，例如有能力、有见识、有品位、有感染力等。你想清楚要向某个特定“观众”传递怎样的形象和能力，外表能帮你做到，因为这是你能掌控的事情。有谁会不喜欢一切尽在掌控中的感觉呢？

在不到 30 秒的时间里，我们仅仅根据眼睛看到的线索就能形成对他人的看法。这种做法司空见惯，我们甚至经常意识不到我们对某人的外表和举止做出了反应或判断。如果你对此有任何怀疑，下次坐在飞机上时，注意观察一下其他登机的乘客。你会意识到你在评估每个人，甚至可能会决定你喜欢（或不喜欢）谁坐在你旁边。

想想以前乘坐飞机的经历，回顾一下那些你在飞行过程中避免与之交谈的人和那些你主动攀谈的人。当一个穿着邋遢不得体的人侧着身挤到你旁边的时候，你一定会感到失望甚至厌恶。有些乘客本能地把手提包、书籍或者公文包放到旁边的座位上，试图发出“不要坐这里”的无声信息。

不管你乐意还是不乐意，人类有时候就是有些肤浅，更喜欢那些长得好看、打扮时髦的人。从求职者到我们约会的对象，甚至是确定为终身伴侣的人，在我们的选择中，外貌都是一个非常重要的因素。即使在动物王国，雌性也更容易被那些最强壮、最漂亮、最招摇的雄性所吸引。

当然，理想的情况是他人会根据智慧和经验而不是风度和长相来评判我们，但研究表明事实并非如此。我们还没开口说话，他人就已经对我们的教育程度、性格特点、业务水平、个人能力等方面形成了看法。据亚特兰大斯佩尔曼学院社会学教授莫娜·菲利普斯（Mona Phillips）博士说，研究结果不断证实，有吸引力或好看的人比相貌平平的人有明显的优势。菲利普斯博士援引了关于“光环效应”[由戴恩（K. Dion）、伯奇德（E. Bercheid）、和沃尔斯特（G. Walster）首创]的研究，并进一步解释说，许多面试官都认为，如果应聘者外表有吸引力，那么他一定也有其他好的品质。菲利普斯博士将光环效应描述为“基于一个人外表的一系列假定的积极属性”。

著名的精神病学教授、哈佛医学院负责学生事务的副院长阿尔文·F. 普桑特（Alvin F. Poussaint）博士认为，人们通常喜欢和有魅力的人在一起，因为他们的外表很有吸引力。普桑特博士 2001 年 9 月 3 日在《经济理论杂志》（*Journal of Economic Theory*）发表的《有魅力的人会比其他人得到更好的待遇吗？》（*Do Attractive People Get Better Treatment than Others?*）一文中阐明即使是小孩子也会区分哪些玩伴漂亮，哪些玩伴不漂亮（虽然有些看法可能源于童话故事，但我们要记住，哪怕是婴儿也会接触到电视和商业图像，而这些图像也是在宣扬这种观点）。普桑特博士说："人们容易认为长相漂亮的人比长相平平的人更值得信赖或更诚实。"

另一方面，他也承认，长得太好看并不总是对人有利，因为极有魅力的人可能会引起他人的嫉妒，并招致排挤。在工作中，如果一个女人非常漂亮，她有时可能会被认为不及那些相貌普通的同事聪明；她可能很难受到重视，尤其是受到男性的重视，最终又会成为其他女人怨恨或者嫉妒的对象。

然而，除了极少数的例外，吸引力因素依然存在。佐治亚州亚特兰大市的整形外科医生小弗雷德里克·沃克（Frederick Work, Jr.）博士认为，有魅力的人会得到特殊待遇，他们会有更多的机会。他指出，由于我们的社会如此重视一个人的魅力，几乎可以肯定，越来越多的人将会选择整形手术。但在你拿出信用卡开始寻找合格的整形外科医生之前，首先要知道，不管大自然给了你什么或没给你什么，你都有可能在不整形或不花钱的情况下改善你的外表。

不注重形象的四个借口

对于自己不肯投入时间和精力从而疏于打扮这件事，我们总是能找出这样那样的理由。这里就有几个较为常见的借口。

1. **“我太忙了。”**现今社会，各种任务源源不断，家庭需求多种多样，工作、照顾孩子或年迈的父母等事情都必须首先完成，“外表”只能屈居次要位置。住房费用、水电费及其他必要的经济支出已经让我们捉襟见肘，修牙、护发、美妆、添置衣服、购买自身护理产品都变得不那么重要了。你可能经常在疲惫无力中醒来，但这不是什么值得炫耀的事情。你只有一个身体，你希望它能维持得越久越好；你只有一次生命，你也想尽可能成为最好的“你”。这似乎有些夸张，但是每天保持高标准的外表也是一种投资，它会让我们更快乐、更健康，也会让我们在工作中取得更大的成功。我们生活在这样一个以视觉为导向的社会，我们的外表和工作表现同样重要；在这个激烈竞争的市场中，谁也不能发出自相矛盾的信息。好好打扮自己不是虚荣，而是一种自我投资。

2. **“我就是喜欢休闲式的打扮。”**对“休闲”的定义在我们这个社会已经达到了历史最低点。我承认，有时候我也会随便抓起一件衣服就穿上，简直休闲到极致，我经常穿着褪色的瑜伽裤、人字拖还有 T 恤衫在家工作。但是，当我要见客户或者做演讲的时候，我通常要保持精致的妆容和发型。

所以，你该知道，当我进入业界的时候，我要努力保持良好形象。因为我在礼仪行业工作，人们对我的形象和举止都有些特定的期待，因此我也尽力满足他们的期望，同时也满足自己的期望。

不管你从事哪个行业，你的整体形象都能为你代言。诚然，或许有些工作能接受衣着随意、邋里邋遢，但这样的工作即使有，也是少之又少。

3. **“我没钱追求时尚。”**追逐时尚可能花费很多，但即使预算有限，你也能做到优雅精致。真正的优雅由内而外，是你性格的延伸。你想让衣橱里的衣服得体、漂亮，还具有一些风格，那就选择与你的生活相得益彰的衣服，同时还要关注你未来的职业规划，并且穿戴相应的着装。不必追求数量，要在质量上下功夫。以永恒的经典单品为核心打造你的衣橱，不要把钱浪费在花里胡哨的时髦物件上。其实，质量好的衣服能穿得更久，而且若将价格平摊到未来数年，每穿一次不过几块钱而已。为了省钱，你一定要充分利用节后大促的机会，这时候可能用一件衣服的钱就能买到两三套衣服。如果你发现某个设计师的风格特别适合你，假以时日你也能形成自己的形象特色。只需一点钱和创意，通过不懈的努力，你一定能打造出引以为傲的衣橱。

4. **“我没有风格。”**如果你曾为自己看起来缺乏“风格”而哀伤，请放轻松。没有人生来就有时尚基因。如果在这个过程中你犯了些时尚方面的错误，也不必气馁，我们都犯过。

大学毕业后，我想开阔自己的视野，所以申请了纽约一家大型连锁酒店的管理培训生职位。我厌倦了佛罗里达，想去大城市展翅高飞，体验人生。当人力资源经理邀请我去纽约面试时，我激动极了。我兴奋地从衣橱里找出唯一的一套职业装——淡黄色花呢西装配贝壳粉的涤纶衬衫。为了使下装更搭配，我选了奶油色透明连裤袜，还搭配了一双高跟鞋，上面还有小蝴蝶结呢（没错，蝴蝶结）。我洋洋自得地穿戴整齐，觉得已经做好了一切准备。

飞机降落在拉瓜迪亚机场，我收拾好行李走到外面打车。刚走到人行道上，我就觉得心里一沉。我站在那里，穿着一身粉红的衣服，像是从佛罗里达飞来的一只火烈鸟，而周围数百人都从头到脚穿着各式各样的黑色衣服。我倒吸一口凉气，意识到自己的打扮像是去参加茶会而不是工作面试。那是一次惨痛的难忘记忆。现在回想起来，我没得到那份工作毫不意外。

我的错误判断是因为年少无知，同时也是因为在 20 世纪 80 年代几乎没有什么形象研讨会和时尚榜样，我们只看过一些当时流行的电视节目，如《王朝》（*Dynasty*）、《达拉斯》（*Dallas*）和《迈阿密风云》（*Miami Vice*）等，那个年代很多人的着装都受此影响。在那个重要的日子，我学到了难忘的一课：刻苦钻研，穿着适合行业和环境的服装。或许我的故事能帮你避免类似的时尚“灾难”。

着装要符合行业特点

你上班时的着装可能会受到你所从事行业的影响——即便不是被其决定。举个例子，如果你在创意行业工作，如平面艺术、娱乐或高科技领域，你通常可以穿休闲、时髦或时尚前卫的衣服。如果你在银行、金融、保险、会计、法律、医疗、学术、政治、咨询或政府等较为保守的行业工作，你最好穿得保守一些，你的着装打扮不至于仿佛在大喊“看看我！”换句话说，你要注意周围的人（尤其是那些职位比你高一到两级的人），并有目的地选择能为你提升形象的衣服。即使你很少或根本不与客户进行面对面的交流，尊重你的内部客户（最重要的是，尊重你自己）也是一种业务能力，穿着要显示出你的能力和对工作的关心。

着装要适应客户的舒适区，而不是你自己的舒适区

当你选择衣服时，你的首要标准应当是舒适，但有一个方面你可能没考虑到：舒适实际上是为了别人而不是为了自己。不管你的目标是获得一份工作、一次升职、一份合同，还是一个新的职业伙伴，你都要优先考虑别人，让他们感到

和你在一起很舒服，这也是“着装得体”的另一种说法。比如说你在创意行业工作，可你的大多数客户都是律师，如果你和他们穿得差不多，他们会觉得更自在。把那些宽松的休闲裤、另类的领带还有系带的鞋子留到晚上和你的朋友去城里玩的时候再穿吧。

在任何工作面试或与重要客户会面之前，研究一下对方公司的形象、办公环境和内部价值观，这样你就可以避免类似我在纽约面试时的失败。总部位于纽约的全球高管猎头公司 CTPartners 的零售业务合伙人多萝西·沃尔德（Dorothy Waldt）回忆起，有一个求职者被派去一家零售商那里面试，这家零售商的企业文化非常休闲时尚。不幸的是，这位求职者还精心打扮了一番。沃尔德说：“他穿的衣服与这家公司的风格截然相反，以至于面试官认为他根本就不了解这家公司。”由于他的着装，面试官甚至都没有费心去面试这个人。“他在等候室里坐了七个小时，然后飞回家了。”做点调查也许能帮他得到这份工作。经验告诉我们，我们的穿着要符合场合以及照顾到客户的情感舒适度。

偶尔清理你的衣橱

还穿着十几年前那件感恩至死乐队演唱会的 T 恤吗？还在敝帚自珍吗？做起来可能有些痛苦，但现在是时候放弃它了：给它一个新的生命，用它做抹布去洗车或擦镜子。我并不是说你要处理掉所有的旧衣服，只是那些让你看起来像是悬在时光隧道里的衣服就不需要了。你可以保留有用的衣服：好看又合身的上衣、纯色或简单印花的羊绒衫、经典的裤子、西装，还有任何你经常穿的衣服。

有一条穿衣法则你要遵守：如果你一年多都没穿过这件衣服，那就把它扔掉或捐出去。如果哪件衣服不合身了，那就把它扔掉，毕竟，也许你会减掉一些体重，也许你不会。但是不管怎样，到时候这件衣服都会变得老气、过时，或者极不合身，所以跟它告别吧。总之，要让你的衣橱保持流行和好形态（就像你一样）。

“穿衣服”和“穿着得体”可不一样

穿着是一门艺术，它每天都为你提供一个创造性表现自己的机会。这是你用非语言形式向世界展示自己的个性化方式。

如果你想让周围的人认为你“穿着得体”，这里有三条指导方针：选择经典的服装；创造一致的个人风格；选择与场合相匹配的外表。从办公室服装到下班后的商务活动都是如此。

我还要补充一点，当你旅行时，穿着得体也是有帮助的，因为你永远不知道会在机场或飞机上遇到谁。为了让特殊的场合更加特别，我支持你在看芭蕾、歌剧、百老汇演出或者其他需要盛装出席的社交场合中，把着装提升一到两个档次。

投资几件值得入手的单品

不管你的衣橱如何变化，不管它是扩张还是收缩，我都建议男士们和女士们都要购置一些值得入手的基本款。如果你在考虑我这个建议的时候被价签上的价格吓到了，你要记住高质量的经典款经久耐用而且永不过时。

使用“每次穿着成本”的分摊算法来计算衣橱里每件衣服的真实长期成本。用初始成本除以你计划穿这件衣服的次数，你就会得到每次穿这件衣服的成本。

举个例子，假设你花 1000 美元买了一件经典款大衣。这件衣服如果你穿 90 天，那么每次穿着的成本大约是 11 美元。如果你穿 450 天，那每天就只需大约 2.22 美元。所以你看，如果这件衣服你能穿很多年，价格就会更划算。

找一位私人导购

对于我们中的某些人来说，一想到买衣服（尤其是那些经久不衰的经典单品）就像忍受牙根管治疗一样让人望而生畏。如果你不喜欢（或者没时间）购物，你要怎么选择？答案就是外包。现在很多商店都聘用了私人导购，他们可以让你的消费生活更加轻松愉快。这个人要和你面谈，评测你的体型，讨论你的风格偏好、经济范围和其他的因素。一旦你的私人导购了解了你的情况，他会给你建议，帮你找到适合个人品位或穿着场合的服装，而且一切都在你的日程安排和预算之内。这个人会帮你选衣服，然后在商店的私人试衣间里把衣服拿给你看。如果这家店真的够高档，你还可以一边小口抿着水晶杯中的气泡水或者陶瓷杯中的现煮咖啡，一边看私人导购向你展示他的选择。

最棒的是，这项服务是免费的，也不需要最低消费。私人导购由百货公司付费，他们的工作是让你的购物体验更轻松愉悦。对于那些时间不够、自控力不足的购物狂或者缺乏耐心和想象力，买不到恰当商品的购物恐惧症“患者”来说，选择和私人导购合作将是一个特别合适的选择。

如果你还没有享受过与私人导购合作的乐趣，我建议你尝试一下，即使只是体验一下也好。你可能还想投资一个有资质的形象顾问。这个人接受过训练，能帮助你从头到脚达到最佳状态。想象一下，让别人分担责任，帮助你在职业或个人方面完美地包装自己是多么方便：只要你开口，一切都是你的。

第三章

男士着装指南

人靠衣装。不穿衣服的人对社会几乎毫无影响。

——马克·吐温（Mark Twain），作家和幽默大师

弗雷德·阿斯泰尔（Fred Astaire），一位偶像级的舞蹈家、歌手和演员，并不像你想象的那样帅气逼人。他个子不高、身材略瘦，如果穿现在流行的休闲服，他在人群中可能就不那么显眼了。一些评论家甚至可能认为他看起来完全就是傻傻的，但像奥黛丽·赫本（Audrey Hepburn）这样聪明的女性却有不同的看法。当这位著名女演员被问到是否认为阿斯泰尔“好看”时，她回答说：“我想是的，因为魅力是世界上最好看的东西，不是吗？”

阿斯泰尔平凡的外表因他的服装而大为改观；他绝对是“人靠衣装”这句话的深刻体现。他在舞台上和镜头前的穿着成了他典藏形象的一部分；他看起来总是衣着得体，风度翩翩。阿斯泰尔的时尚感来源于他大胆尝试新鲜事物的无畏精神，比如他的经典做法——以鲜艳图案的领带代替腰带。当不在舞台和荧幕上穿着标志性的礼帽和燕尾服时，阿斯泰尔更喜欢穿柔和的便装。（想想，用轻薄面料做成的宽松裤子和毛衣，自如地穿搭在一起。）在阿斯泰尔的世界里，穿随意大方的衣服从不意味着要牺牲精致感。

风格是一种自内而外发展出来的东西。注意观察阿斯泰尔的穿衣风格，你会发现他最了不起的一点就是从不会让自己显得局促不安。可以这么说，你必须刻苦锤炼才能培养出那种天然去雕饰的感觉。

即使在今天，我们仍然可以从阿斯泰尔身上学到一些重要的经验，并且将之应用于任何男性的生活方式。如果你想利用我所说的阿斯泰尔效应，你穿的每件衣服都要显得轻松随意。举个例子，如果你每天都穿西装，一定要选择那种剪裁和面料看起来都非常舒服的，让你看起来或者感觉上就像穿了高尔夫球裤或者牛仔裤和T恤衫一样。阿斯泰尔的舞蹈服都属于特制的款式，袖孔又窄又高，使他哪怕穿正式的礼服也能做侧手翻。

如果你是一个很放松的人，也可以效仿阿斯泰尔，确保自己看起来总是很优雅。所以，合身（甚至是你的T恤）至关重要，这样无论你在走动还是站着，你的衣服都能正确地穿在身上。像阿斯泰尔一样，愿意承担一些风险，这样你就可以发展出自己的风格。

阿斯泰尔走在了时代的前面，他穿戴的每件衣物，从格纹运动夹克到亮蓝色袜子，都采用了一定的图案和颜色。有时，阿斯泰尔还会对整体着装进行装饰，例如，他会在胸前的翻领上戴一朵胸花，或是在穿翻毛鞋的时候把一块丝绸方巾放在口袋里。他总有办法在个人风格上增添一些品味，你也可以。

阿斯泰尔的穿衣哲学即使放在今天仍然正确：你不必成为时尚的奴隶。事实上，在比较保守的商务环境中，过于时尚前卫的穿衣打扮可能会分散别人的注意力；相反，你要找到适合自己的衣服，如果你的衣服剪裁合体，制作精良，就没有人会指责你穿着过时。

好的穿着取决于两大核心：颜色和比例。一旦你知道了哪些颜色能衬托你的肤色，以及为什么特定的比例能修饰你的体型，你就成功了一半。如果你的穿着让你感到舒适，给你带来自信，那么这种特殊的“你要素”就永远不会过时。

为了向你们提供最准确的男装信息，我咨询了认证形象顾问布莱恩·利普斯坦（Brian Lipstein），他是费城一家定制服装公司的创始人兼首席执行官，他不吝时间地向我分享了以下建议。

选好西装

首先，也是最重要的一点，利普斯坦认为，只要买得起，你一定要买最好的西装，这很值得，因为每当你穿上一套剪裁合身、设计精良的西装都能在视觉上体现出你的个性。西装有三种主要款式，传统上以它们的起源国家命名，只是现在都很常见了，在任何一个国家都能找到这三种款式。

英式西装：这种西装的典型特点是肩线柔和，无垫肩，衣身较长呈沙漏型，而且袖孔较高，双排扣或单排扣均可，一般有两到三粒扣子，且有双开衩。这种上衣设计能更好地适应个人身形和动作。

意式西装或欧式西装：这种款式西装的典型特征是做工轻柔，方肩且有一定斜度，衣身较短较为修身，一般采用单排两粒扣设计，而且后面不开衩，这样更显身材修长。这种西装在华尔街很受欢迎，通常被视为商务装。如果你是个大块头，那可能就要避免这种风格的西装。

美式西装：这种西装采用自然肩，上衣是直筒型而且较为宽松，三粒扣设计，后面在中间部位单开衩。广受欢迎的男装零售商布克兄弟公司（Brooks Brothers）最早开始推行这种“麻袋西装”，因为它可以适应任何身材。现在的美式西装也有一些时髦修身款，但它仍然是为大众设计的，是三种西装设计中最不讨喜的。因为这种剪裁意在满足所有身材的需求，所以很难非常适合哪个人。

缝制工艺最关键

男士西装的价格很大程度上取决于它的工艺。你知道吗？低端西装大多是用胶粘起来的，而高端西装是手工缝制的。记住这个行业机密，我们再来探讨一下你在购物时该如何选择：

- 成品西装是最便宜的选择，它是按照“标准尺码”或者一般规格制作的，这就意味着几乎每个购买这类西装的人都需要对其进行一些改造。遗憾的是，很多人都不知道这种进一步加工带来的区别，或者他们压根不在乎。虽然改造能提高成品西装的合身程度，但是也不可能达到完美效果。低端生产线服装的价格会因为它的面料和工艺水平而有所不同，但是“一分价钱一分货”这句老话依然适用。
- 量身定做的西装代表初级定制。你选好面料和款式，并按照自己的尺寸定做衣服。裁缝有早就准备好的样式（例如 42 码上衣），可以根据穿着者的身材调整尺寸，然后进行裁剪。这种衣服比成品西装合身，而且你还可以选择质量更好的面料。
- 客定西装或者说私人定制西装才是最奢华的，因为它完全靠手工打造。私人定制的西装要比普通的量身定做西装好看，因为裁缝会按照客户的尺寸和身材比例创作出个性化的样式。当然，这种客定西装的价格也比前面两种高很多，但确实物有所值，它能帮你实现完美合身、质量上乘的效果，而且穿着寿命长。

双排扣西装

两到三粒扣子的西装很适合日常穿着，但却不能媲美双排扣西装，这才是出席重要商务会议或者与保守客户以及权力经纪人共进午餐的完美西装。当你穿这种款式的西装时，一定记得要把所有扣子都扣好。

和经典的三粒单排扣西装一样，双排扣西装最适合中等身材或高个子的男士；但是，只要在上衣的腰部进行一下特殊处理，任何男士都可以穿这种双排扣的西装。收紧的腰线会让穿着者的肩膀更加突出，把观察者的目光从中间拉向上方。即使你的腰部比肩部宽，西装上翻领也会把人们的目光从你的躯干上转移开。

开衩还是不开衩

买西装的时候，一定要注意后面的开衩，因为这个经常被忽视的设计既能帮助你提升形象，也能损坏你的形象。开衩还能体现出一件西装有多讲究。开衩有三种样式，每种都有实用和时尚的考虑：

- **中间开衩：**这通常出现在较为休闲的西装上衣或套装上衣上。这是常见的美式剪裁，它既经典又保守，但是一些时尚专家提醒说，这种开衩方式对提升你的形象几乎没有益处。中间开衩的上衣往往不太有型，是成品西装的典型代表。你穿西装的时候，如果开衩的地方没合上，就意味着不太合身。提示：我们能一眼就看出谁第一次穿西装，因为他买了衣服之后会忘记剪掉缝住中间开衩部位的线。你尽量不要犯这样的错误。

- **双开衩：**它比中间开衩功能性更强而且有很多好处。如果你腰围较粗，那就选双开衩的西装，因为后面的两条垂线能让你更显瘦。双开衩还可以让西装的背部显得平整，无论你是哪种体型的人，双开衩西装都能提供更大的活动范围。
- **不开衩：**这种西装让人看起来很利索，而且显瘦，但是也会限制你的活动范围。如果不担心行动受限，那么即使你身材魁梧，不开衩上衣也能让你看起来比较瘦；但请记住，要塑造整洁优雅的形象，衣服必须要合身。

关于扣扣子

在我的“穿出成功”研讨班里，经常有人问是不是每次站起身的时候都要把上装的扣子扣好，答案是“是的”。上衣扣子要扣得合身，不能往前撅（这样会让一个矮胖的男人看起来好像穿了一件肠衣）；如果衣服合身，会为你的形象增添优雅和派头。不管你穿的是两粒扣还是三粒扣西装，都要记住不要扣最下面的扣子。

关于衬衫

曾经，衬衫可能只是领带的背景，但今天，衬衫已经成为焦点。你对衬衫的选择是表达你个性和创造力的一种方式。白色、浅蓝和淡粉（没错，是粉色）的牛津衬衫是现在的主流，尤其是在现今的商务休闲风中，因为一些男士已经完全不打领带了。如果不打领带，衬衫可以弥补你缺失的色彩元素，成为一种既能表达自我又不会损害职业形象的方式。

领子：选择与脸型相衬的衣领。如果你个子很高或身材很瘦，面部棱角突出或脸型较窄，最好选择低而宽的“阔领”衬衫。不要穿直领衬衫，因为它会突出面部的棱角，让你的脸看起来更长更瘦。

如果你是圆脸或者短脖子，那就选直领衬衫，就是那种又长又垂直的尖领，这样能在视觉上拉长你的面部轮廓。如果你是鹅蛋脸，大多数中等长度的直领衬衫或阔领衬衫都能很好地平衡你的脸型。

袖口：法式袖口也称双层袖口，通常由袖扣固定，而不是打开、折起或者松散着。这种袖口不用纽扣，这使它们与普通的正装衬衫不同。人们通常认为法式袖口比纽扣袖口更正式和考究，也适合很多职业环境中的日常穿着。想要看起来更优雅，可以试试双头袖扣，比如设计师罗宾·洛特尼（Robin Rotenier）的手工制品。不管你选金色的袖扣还是银色的，都要同你的皮带扣和手表相称。

如果你不想花太多时间摆弄袖扣，那么纽扣式袖口，也称桶型袖口，就是你的首选。成品衬衫一般采用纽扣式袖口，一边是扣眼，一边是扣子。

关于领带

多年来，男士们往往通过选择颈部饰物来表达个性和性格。如果你要打领带去上班，最好选择高品质的真丝领带，而不是聚酯纤维材质的领带，并且要确保你的领带和衬衫相得益彰，而不是互相不协调。如果你偏巧是色盲患者，那就要找一个值得信赖的朋友，他会帮你建立一套颜色编码系统，这样就能避免造成古怪或尴尬的颜色冲突。

领带不能太长也不能太短，它应该在皮带扣顶部到中间的某个地方。为了显得更渊博更深沉，很多人都喜欢在领带结的下面做出一个小窝或者一个倒褶，法国人称其为“cuillère”，就是“勺子”的意思。

领结：虽然现在很少有男士选择戴领结了，但它确实传达了一种独特的气质，并彰显佩戴者的个性。曾经，人们总是将领结和那些老派的书呆子联系在一起，而如今领结成了智慧、魅力和幽默感的象征，你需要的就是戴上它的信心。

汗衫不能少

许多时尚专家认为，穿正装衬衫时必须穿汗衫，因为汗衫可以让衬衫看起来更平整（尤其是那些有一点弹性的汗衫），还能防止衬衫出现汗迹。如果在衬衫里面穿一件汗衫，衬衫可以穿得更久，需要清洗的次数也更少。更低的维护成本和更长的穿着寿命是穿着汗衫的一个加分项，尤其是当你的正装衬衫非常昂贵的时候。如果你敞开衬衫衣领，那一定要穿合适的 V 领汗衫，而不能穿圆领款式的汗衫。

选择配饰也是明智之举

口袋方巾和领针：正如阿斯泰尔所宣扬的那样，优雅外表的关键是最后的点睛之笔。记住，小细节决定大不同。有两种配饰可以为任何服装增添高雅感：口袋方巾和领针。在这样一个崇尚休闲、简约的时代，如果你佩戴了口袋方巾或领针，一开始可能会觉得自己穿得有点过于花哨了，但如果你想脱颖而出或引人注意，那就试着戴上一样配饰，或者把这两样都戴上，看看是否会得到赞美。

钱包：“厚钱包”问题是不是也困扰到了你？如果确实如此，或许是时候把厚厚的钱包收起来了。你真正需要携带的只是一张信用卡或借记卡，还有驾照或身份证，以及少量现金，以备不时之需。

挑选鞋子的一些小窍门

至少投资四双高品质的鞋子——一双深棕色的，一双暗红色的，还有两双黑色真皮的——因为最好不要连续两天穿同一双鞋。一双线条简洁、外观经典的鞋子能让你在职业场合和私人场合都游刃有余。根据你的个人风格，选择带点拷花效果（有小孔）的翼尖牛津鞋或者三接头牛津鞋。翼尖鞋的特点是鞋头处从中心点向两侧展开，有点像翅膀的形状，这也是这种款式得名的原因。

当你选购休闲鞋时，一双乐福鞋会为你的衣橱增添多样性，而且在炎热的夏天也非常有用。乐福鞋非常适合旅行，因为在机场过安检的时候，它可以轻松穿脱。

黑色西装配黑鞋，灰色西装配黑色或深棕色鞋子，棕色西装配深棕色鞋子，海军蓝西装配黑色或暗红色的鞋子。另外，还要记住，鞋子和腰带的颜色也要协调。

说说鞋撑：要想让鞋子保持比较新的状态，最经济实惠的做法就是使用鞋撑。鞋撑不仅能填充鞋子，帮助皮革保持其原始形态，还能让鞋子在很长时间内看起来都是新的。当你在一天结束脱掉鞋子的时候，趁着鞋子还有温度和柔韧性，把鞋撑插进去。雪松木的鞋撑是最好的，因为可以吸潮去异味，但是如果你经常在外旅行，选择重量较轻的塑料鞋撑，效果几乎一样。许多人惊讶地发现，一双好鞋如果经常抛光并妥善保管，可以穿很多年，甚至可能穿一辈子。

“袜子”的秘密

袜子（在高级男装店里称为袜类）不仅可以保护你的双脚，为双脚保暖透气，还能为你的衣橱提供另一种时尚元素。关于袜子最重要的一点是：它们要和你的裤子相匹配，而不是和你的鞋子相配。

正装袜：正装袜通常由真丝或羊毛（或两者的混纺）等优质面料制成，其中羊毛袜最值得入手。羊毛袜更耐穿，而且有吸汗功能，有利于保持足部干爽。羊毛还可以调节温度，让你的双脚在夏天保持凉爽，在冬天保持温暖，所以有助于防止脚臭。正装袜的长度要到小腿以上（买最长的那种），因为一个端庄的商务人士坐下来或跷起二郎腿时，谁也不想看到他不经意露出毛茸茸的腿。

休闲袜：这种款式的袜子适合在个性化的情况下穿着，比如当你穿卡其裤、休闲裤或牛仔裤的时候。你可以大胆选择休闲袜的颜色、图案、质地。如果你在创意行业工作或者只是想给你的衣服增添一点活力，就把那些无聊的纯黑色袜子换成更有趣的款式——比如条纹袜或菱形图案袜子。选择一双有个性的袜子是展现你穿衣风格的一个小方法，同时又很重要，这样才不会显得你用力过猛。试试那些大方块、小方格、圆点点和其他任何你喜欢的图案，没准儿你就形成了自己穿袜子的特色。

运动袜：运动袜决不能和西装搭配。

买袜子的秘诀：买袜子时，买两三双同款同色的。如果洗衣服的时候，一只袜子神秘失踪了，你还有其他的可以配对穿。

留些空间整理仪容仪表

多年来，我了解到，尽管大多数男士都想让自己看起来极具魅力，但他们并不总是愿意为此投入时间和精力。仪容仪表是一个非常私人的话题，虽然有时候表面看来一切都很完美，但对我来说外表之下的保养也同等重要。换句话说，良好的仪容仪表不仅仅包括剃须或造型，这里还有一些很少谈及的要点供你参考。

气味和感受：如果你经常使用古龙水或须后水，请记住，一个人喜欢的气味可能会让另一个人反感。如果你用古龙水或须后水，一定要轻喷或轻拍——永远不要直接把它淋在或浇在身体的任何部位。有些男士在衣服上喷香水，我也反对这种做法，这样不仅“过犹不及”，而且还会弄脏衣服或让衣服褪色。说到香味，请记住，在你进入房间之前或穿过走廊之后，如果有人能通过香味察觉到你的存在，就说明你的香水用得太多了。如果你恰好在医疗机构工作，则需完全避免使用香水，因为你接触的人可能过敏或对环境敏感。可以这么说，对香味而言，少即是多。

保湿面霜：几年前，男士们做梦都不敢想要用与护肤有关的东西，但那些日子已经一去不复返了。你在药店和百货公司已经看到过太多的男性护肤品，而且我要鼓励你经常使用一些男性护肤品。如果你想给皮肤补充水分，并保护皮肤免受外界因素的伤害，那么带有防晒系数的轻薄保湿霜是必需品。如果你有皱纹，好的保湿霜也有助于减少皱纹的出现。

干净整洁的指甲：又脏又长的指甲让人反感，但是又短又秃的指甲也同样令人不爽。如果你爱咬指甲，别再这么做了，因为别人可能会因为这个神经质的习惯而对你有不好的评价。就像对待皮肤护理和保湿霜的态度一样，克服你对美甲甚至修脚的偏见或保留看法，它们不再是女性的专利了。一旦你体验过美甲或修脚，你就会明白为什么有那么多女性宁愿不吃饭也要花钱来享受这个略显奢侈的服务了。

打理毛发

毛发要修剪整齐：社会已经发展到这样一个阶段：男人

做饭、带孩子、吃乳蛋饼，并且愿意照顾自己的身体。如果你的鼻毛、眉毛或耳毛像杜鹃花丛一样杂乱，那么是时候修剪一下了。用一把小的美容剪刀或普通剪刀，让那些散乱的毛发永远别再长出来。

面部毛发护理：满脸胡子的形象只有在广告里才能发挥作用。千万别让胡子长得像独自上山打猎的人那么茂密，当然，除非你就是一个独居山中的猎人。如果你坚持留胡子，那就把它修剪整齐。淋浴时或者淋浴之后毛发最软，这时候修胡子可以剃得很干净。一定要用剃须啫喱和干净的剃刀，而且动作要快，这样才能达到最佳效果。

和当地理发师交朋友：与其一头扎进打折理发店，不如和技术好的理发师建立良好关系，把这看成一种投资，而不是消费。或许你已经发现了，去理发店是一种无须废话的、最直接的体验，完全物有所值。我的一位好朋友是宾夕法尼亚州肯尼特广场的高级理发师托马斯·格兰特（Thomas Grant），据他说，专门打理男性头发的理发师可以为你剪出或保守或时髦的发型。每次剪完头发，他们都会把你脖子和耳朵周围的毛发刮干净，让你感觉十分清爽。格兰特建议剪完头发后，再做个热泡沫刮脸，然后再来个面部护理，绝对是一种奢侈的体验。他坚定地说："如果你没有体验过被高级理发师刮脸部毛发的乐趣，你就不算活过。"

打理你的体毛：就像灌木或珍贵的盆景需要修剪一样，

浓密的毛发也需要修剪。如果你还没有考虑过这个问题（而且确有需要这么做），你要学会接受“男性脱毛”的想法。也就是说，如果你穿开领衬衫去上班，要经常修剪可能从衬衫领口露出来的胸毛，把它们剃掉或者用蜡除去。

时尚必备单品

- **手表**：你知道吗？大多数人会注意到你戴的是哪种手表。你的手表是一天中要看无数次的配件。一块优质的瑞士手表不仅可以陪你从白天到夜晚，还会为你的穿着增加时尚感，而且可以戴很多年。一定要选真皮表带的手表，如果预算允许，选一块白色或金黄色的手表，或者两者的结合。
- **定制衬衫**：衬衫的质量、风格和合身程度可以提升或削弱西装的外观。男人一生中至少应该有那么一次，买上两三件定制衬衫。这种衬衫完美贴合你的身材，每一个细节都是匠心打造，你付出的每一分钱都是值得的。这也是一种投资，而不是简单的消费。
- **羊绒衫**：羊绒总是在不经意间流露出优雅和高级感。这种毛衣由精细羊毛制成，柔软舒适，根据场合白天、晚上都可以穿，而且有多种款式可供选择——圆领、高翻领、V 领、开衫或半拉链。

- **海军蓝西装上衣：**这是商务休闲场合或旅行时的必备单品。经典的海军蓝西装上衣永远不会过时。
- **黑色皮夹克：**可以周末穿，也可以和朋友或那个特别的人出去吃饭时穿。和其他经典款一样，你的黑色皮夹克和牛仔裤、正装长裤搭配。
- **外套：**如果你生活在寒冷的地区或者经常要去寒冷的地方，就投资一件高质量的大衣，因为人们第一次见到你就会注意到你穿的外套。你会惊讶于一件好大衣可以为你服务许多年，所以选择一件永不过时而且有格调的外套，比如黑色、灰色、海军蓝或驼色的系扣羊毛或羊绒大衣。

记住，每次穿着合适的衣服去工作、面试或参加特殊活动时，你都在传递这样的信息：你是一个会做功课的人。想想你要见的人会穿什么样的衣服。尝试通过陌生人的眼睛客观地看待自己，考虑一下你的衣服会传达什么信息。在你达到成功的巅峰之前，你的穿着要符合你期待的职位，而不是你现在的职位。

男士穿衣搭配注意事项

1. 把皮具（钱包、公文包、表带）和皮带及鞋子搭配起来，让自己更加注重细节。腰带的颜色一定要和鞋子的颜色相配。

② 确保你的口袋方巾和领带相协调，而不是和领带颜色一样。

③ 如果你觉得有必要掩盖凸起的腹部或者你需要更宽松的大腿空间，那就穿腰部打褶的裤子或者翻边裤来塑造更传统的商务形象。如果你个子矮或者想要一个更时尚、更苗条的造型，那就穿腰部无褶的裤子。

④ 只有正式场合才穿漆皮鞋。

⑤ 黑色西装应该留在葬礼、正式场合或夜间时尚场合才穿。

⑥ 最好不要在西装里穿有扣领的衬衫，除非你想看起来更休闲。

⑦ 西裤可以有整齐的裤线，但是牛仔裤不可以。

⑧ 纯棉卡其裤或者休闲裤留到周末再穿。工作的时候穿那种不易出褶的裤子。

⑨ 不要在办公室穿帆布鞋、船鞋或其他运动鞋，即使是在便装星期五也不行。把运动鞋留到去健身房运动的时候穿。

⑩ 和机场或办公室附近的擦鞋工做朋友，把每周擦鞋或每次出发去出差时都要擦鞋变成一种习惯。

⑪ 穿凉鞋的时候不要穿袜子，除非你想看起来像个游客。

⑫ 记住：大学生才背双肩包，要想拥有优雅的职业形象，使用手提箱或公文包。

⑬ 不要穿白色袜子配正装鞋，那样会破坏你的形象。

第四章

女士着装指南

时尚会褪色，但风格永流传。

——可可·香奈儿（Coco Chanel），法国时装设计师

当被问起古今的知名女性中谁能完美诠释古典美、个人风格和吸引力时，大多数女性都会想到赫本、索菲亚·罗兰（Sophia Loren）、剑桥公爵夫人（曾经的凯特·米德尔顿）（Kate Middleton）或杰奎琳·肯尼迪·奥纳西斯（Jacqueline Kennedy Onassis）。我们都可以把自己最喜欢的人列入这个名单，但是无论年轻或年老，健在或已故，所有这些女性都有一些共同之处——这是一种难以言说的特质，一种无形的、难以捉摸的特质，能让这些女性魅力无穷、与众不同。她们都有我所说的个人风格。

个人风格与你手腕上的名牌手表、你身穿的昂贵衣服，或是你拿的大牌包包无关。风格是一种你买不到的东西，是你知道什么样的衣服能让你达到最佳状态，以及如何搭配衣服。当你掌握了这些知识或窍门，你就会看起来更协调，给人的感觉更自信，因而你的性格和个性也会大放异彩。

我最喜欢的一个偶像是著名的奥斯卡影后格蕾丝·凯莉（Grace Kelly）。她凭借着自己的活力、优雅和美丽，成为好莱坞最迷人、最经久不衰的明星之一。身为年轻女演员，她喜欢穿传统低调的便装（羊毛裙子和羊绒开衫），她身上有一种让男人着迷的东西，使得其他女性纷纷效仿。

尽管外表低调，但是凯莉知道如何表现自己的独特魅力，让挑选演员的人注意到她。她会戴白手套去试镜（这在演艺界闻所未闻）。她的日常穿搭包括高筒袜、中跟鞋、薄羊毛裙、驼毛大衣、牛角框眼睛，并且略施淡妆。1960 年，凯莉的个人风格获得了回报，她荣登国际最佳着装名人堂榜首。

无论你是参加电影试镜还是工作面试，或者第一次见潜在客户，你选择的穿着和举止方式都是你的形象货币。如果你希望客户或顾客为你的服务或产品买单，你就要让他觉得他付出的每一分钱都值得。你就是自己最好的名片，当你每天穿好套装，走进这个世界的时候，你就是在向世界传递这样的信息：你是谁，你希望别人如何看待你。这就是为什么必须培养自己具备一定的创造力和原创力：这样你才能穿出最佳效果，充分发挥你的才智，就像凯莉那样。

让自己优雅起来，就像通往人生中最精彩的“试镜”。不要总是想着“我没有风格”，不管你知道还是不知道，我们其实都有自己的风格。问问那些让你信赖的朋友你是什么风格。同时，还有一些方法教你如何充分利用自己的衣服，通过外表获得竞争优势。

为着装投资

我经常听到客户抱怨，说他们的很多女性员工在商务环境中不知道如何才能穿着得体，尤其那些对着装要求不严的公司。当我受雇去一些机构的研讨会上讲授“穿出成功”的时候，我经常被一些女性（是的，男性也一样）上班时的穿着惊到。我总能看到她们穿着最新潮的衣服，但却不能达到最佳效果。新潮服装要么俏皮要么可爱，要么怪异要么前卫，而且还随着季节变化而变化。因此，潮流总是来来去去不停歇，但是认真对待职业发展的女性需要记住，真正的风格却永恒而经典。

我对“经典”的定义是“简单而和谐，不经意间透出优雅，具有持久的意义和价值”。经典的服装不一定乏味、无聊或缺乏想象力。你可以在经典单品的基础上增添配饰，比如首饰、丝巾、鞋子和俏皮的手提包（关于这个话题还有更多内容），通过它们来“表达”色彩和个性。首先，让我们来探索一下你该如何打造自己的职业核心服装。

有些东西对任何一个职业女性来说都是必不可少的，也可以称为投资单品。这些单品构成了你着装的主体，它们可以混合搭配，进而创造出你的标志性造型。如果你在广告、时尚、零售或娱乐等创意行业工作，那么你在着装方面会有更多的回旋余地。但是，记住，永远不要把有创意或创新的着装与邋遢或过度休闲混为一谈。

为了编制这份必备单品或“支柱性”单品清单，我咨询了两位认证形象和服装顾问：分别是佛罗里达州棕榈滩的苏珊·比格斯比（Susan Bigsby）和科罗拉多丹佛市维图公司（Vital Image）的劳伦·维塔利（Lauren Vitalie）。

经典款西装上衣：当你想表现得更有能力或更具权威时，那就穿长袖吧。换句话说，当你的肩膀和手臂都被遮住的时候，你就在下意识地发出一个信息：你已经“全副武装”，准备工作了。经典的纯黑色或海军蓝上衣是你最值得拥有的优雅服装。做工精良的西装搭配连衣裙或衬衫和半身裙，会提升你的格调，帮你表现出更多的自信和从容。你裸露的皮肤越少，传达的力量就越大，就越显得干练。在办公室里随时准备一件定做的高品质西装，如果被邀请做报告、见客户或参加重要会议，你可在关键的时候穿上。一定要确保西装上衣合身并且能衬托你的身材。不建议穿有大垫肩的上衣，因为这种衣服会让你看起来好像穿越到了 20 世纪 80 年代。

量身定制的黑色套装：每个职业女性都应该至少拥有一套由裙子、上衣和裤子组成的羊毛或羊毛混纺的经典黑色套装。腰部无褶的裤子比打褶裤显瘦，可以和上衣一起穿，也可以单穿。裤脚应该落在鞋跟顶部和中部之间。

纯色的 A 字裙或铅笔裙既雅致又好看，适合大多数女性。裙子的下摆应该在膝盖的上方或中间（我喜欢这个长度）或刚好低于膝盖，这也是典型的适合商务场合的裙长。把你的长裙留给更休闲的场合，把短裙或迷你裙（如果你有的话）留着去夜店或周末的时候再穿。找一个有才华的女裁缝，她可以为你定制或改制西装，让它更完美合身。

合身的白衬衫：一件外形挺括，有设计感的系扣纯棉白衬衫总是看起来十分清爽，而且百搭。如果你想轻松提升个人风格，只需加上一个颜色鲜艳、设计大胆的宽腰带，或者一条俏皮有个性的项链。搭配浅色精品羊毛裤再加上一条金色或银色的腰带，就可以打造出一个时尚休闲的形象；如果搭配深色西裤和珍珠项链，就是传统的商务造型。衬衫要水洗熨烫或者干洗，以免腋窝发黄，这样能穿得比较久。

真丝或羊绒衫两件套：高品质的两件套（一件简单的无袖套头衫加上一件开衫）要比衬衫加西装上衣更舒适，也不那么正式；而且它的质地轻盈，便于商务旅行时携带。两件套也非常适合商务休闲场合，因为穿两件套比穿合身的商务套装看起来更柔和、更平易近人。两件套的颜色要和你的肤色和头发颜色相配。

风衣：一件质量好的大衣永远不会出错，尤其是那种双排扣、有腰带的传统风衣。任何天气都可以穿，而且几乎可以与任何东西搭配，从牛仔裤到西装都没问题。虽然像卡其色、黑色这种纯色是通用的、永恒的配色，但你也可以买带点花色的风衣来表达个性。风衣不仅能吸引别人的注意，还能为你增添优雅。多年前，我在美国西北航空公司工作，女乘务员都穿着引人注目的红色风衣，我们这种鲜明的风格迎来了很多赞誉。

黑色小连衣裙：合适的黑色小连衣裙是你衣柜里又一件永不过时的重要单品，它简单雅致，没有纽扣、蝴蝶结等过多装饰。选择那种不会过时的漂亮款式，穿的时候根据时间和场合选择配饰。去办公室的时候，你可以穿小黑裙配珍珠项链和中跟鞋；晚上出去玩的时候，可以换上钻石项链和细高跟鞋。

配饰

鞋子：很久以前，鞋子是一个人富裕程度的标志。那些有能力定期修理或更换鞋跟的人被认为是“有钱人”。即使在今天，一双好看的鞋子也能帮助你脱颖而出，所以不要犹豫，去买你能买得起的最好的鞋子。（是的，这可能是你一天中听到的最好的消息——买鞋，买好鞋。）你有很多的选择，但是如果买工作时穿的鞋子，可以先买一两双经典又舒服的基础款黑色真皮高跟鞋，鞋跟的高度适中就好。接下来你可以在此基础上拓展出更特殊的设计。鞋跟一旦出现磨损的迹象，一定要第一时间送去信誉良好的修鞋店修理。

袜类：除非外面特别冷，大多数女性现在都不喜欢穿连裤袜，所以，如果穿裙子去上班，一定要保证腿部肤色健康而且颜色协调。腿部喷雾剂和防晒乳液可以让你的腿焕发光彩，还能帮你掩盖许多瑕疵。如果你穿连裤袜去上班，要选择精致的纯色连裤袜。裸色连裤袜很适合春夏两季，而黑色和棕色的不透明打底裤会让你在秋冬两季有一些变化。别穿过时的深褐色丝袜，穿露趾鞋的时候千万别穿连裤丝袜（尤其是那种脚趾处做了加固的）。风格准则：**如果露脚趾就别穿连裤袜。**如果你喜欢穿裤子上班，选择与裤子颜色相配的半透明及小腿长度的袜子或及膝长筒袜。或者你也可以干脆这两种袜子都不穿。

太阳镜：必须好好保护眼睛，你至少要有一副设计师款的太阳镜。

首饰：购买一些经典的饰品很重要，比如简单的钻石耳钉、金银耳环、一串高品质的珍珠项链或者一块高级手表。你还应该买一些特别的首饰来突出自己的标志性风格，也能为简单的衣服增色。曾任美国国务卿、美国驻联合国大使马德琳·奥尔布赖特（Madeleine Albright）经常佩戴一枚别具一格的胸针，为她的西装增添光彩，这就是她的标志性单品。在工作中，最好不要戴手镯，因为当你和别人握手时，手镯会碍事，还会发出噪声。如果你觉得一定要戴手镯，那就戴在左手腕上。那种摇来摇去的长耳环、脚戒、脚镯等都易让人分散注意力，所以还是把这些东西留到下班后再戴吧。记住，对于首饰来说，少即是多。

丝巾：时尚女性戴丝巾的历史已经有几十年了。真丝是一种奢侈又让人愉悦的材质，往往同财富和成功联系到一起。丝巾被认为是当今最受欢迎的时尚配饰，它们为提升你的衣品提供了无限可能性。丝巾可以用作头巾、腰带、披肩或领巾。丝巾可以为原本平淡无奇的着装增添一丝精致、优雅和色彩。选择一款丝巾，其颜色一定要适合你，因为丝巾距离你的面部很近，可以增加你的自然美。

一个好包：所有女性都应该拥有至少一个经典包包（好吧，或许两三个），去任何地方都用得上。选择包包的时候，记住，包的用料越扎实就越正式。我推荐：

- **万能托特包**：适合白天使用或旅行时携带所有必需品。高品质的真皮或帆布托特包很值得入手，因为它便于携带，而且只要你悉心呵护，它可以用好多年。
- **手拿包或腕包**：大小刚好适合随身携带身份证、驾照和口红等必需品。如果你必须从办公室出发去参加社交活动，也很容易就能把它塞进公文包。它又小又轻，不会妨碍在社交场合握手、吃东西或喝东西。
- **中等大小的手提包，有皮制肩带或金属链带**：这种包较为正式，应该成为你衣橱中的主打款。买一款颜色中性的，其颜色可以选择你上班时经常穿的服装颜色；再买一款色彩鲜艳的，给纯色的衣服增添一些精神和活力。

必备的贴身内衣

永远不要低估内衣的力量。我多希望这不是真的，可是随着年龄的增长，我们身体的某些部位出现下垂，这就需要更多的支撑。当你购买“贴身”必需品的时候，要记住这些建议：

- **塑形衣**：在我人生的现阶段，如果不穿上我衣柜里最重要的配件——塑身内衣，我就觉得自己的穿着不适合上班。许多品牌的塑身衣有塑形、紧致的作用，其实就是提高你的自然曲线，让你看起来更苗条、更玲珑、更紧致、更娇小、更高挑、更性感。不管你穿的是合身的连衣裙还是宽松的裤子，塑形衣都能帮你掩盖很多缺点，比如明显的内裤勒痕、后背和肚子上的脂肪、腰部两侧的赘肉或腹部“游泳圈”。
- **胸罩**：合适的胸罩对于防止身体部位起皱、出褶或下垂也有非常重要的作用。你可能见过有些女性穿上衣服后露出胸罩或内裤的勒痕，这样实在不雅。拥有各种不同颜色和设计的胸罩当然很好，但是如果要在工作的时候穿，那就要选择衬垫薄一些且没有过多装饰的胸罩，而且要适合你的肤色和服装。工作模式下，你可能想获得持续关注，但是不要靠脖子以下的部位达到目的。最好不要在黑色上衣里面穿白色胸罩（反之亦然），并且要保证肩带足够紧，这样才不会从肩膀上滑落。如果你从未正式对胸罩是否合适等问题进行过咨询，我建议你咨询一次。

穿着休闲装

下面这些东西可能适合工作或职业场合，也可能不适合，但是当你在晚上、周末或旅行时需要穿点什么的时候，它们是最好的选择。

针织衫：这也可以称为“万能上装”。买两三件纯黑或纯白的针织衫，在重量、领口和袖子长度上要有变化。请记住，普遍认为鸡心领和八分袖的针织衫是最受欢迎的。轻柔的羊毛和羊绒混纺针织衫适合各个季节，也可以叠穿。针织衫的款式和颜色要和你的体型和肤色相配。

一条质量好的牛仔裤：深色无装饰的牛仔裤更雅致也更耐看，会给你更多的穿衣选择。一条合适的牛仔裤可以轻松搭配正装或休闲装，和各种夹克、鞋子或靴子都能搭配着一起穿。最舒服的牛仔裤是那种穿着有弹性而且能自如活动的。牛仔裤别太长也别太短，裤腰别太低也别太高。就牛仔裤来说，合适的尺码和合适的风格是让你穿出最佳效果的秘诀。

黑色靴子：不同款式和鞋跟高度的黑色皮靴既时髦又精致，可以和任何东西搭配，从半身裙到连衣裙再到牛仔裤都可以。

点睛之笔可以增强整体着装效果

好的发型师：你的头发和你的衣服一样，都是整体着装的一部分，它是你（和其他人）每天都能看到的最重要的一个“配饰”。我坚信，你应该至少一年换一次发型，这样才有新鲜感，并且符合潮流。如果你还留着大学时的那个发型，或者你每天都把头发扎成个马尾，那么是时候换一个新的发型了。合适的发型可以突出你面部特征的优势。虽然年龄在增长，但是合适的发型能让你看起来年轻好几岁。如果你给头发染了颜色，那就要保持颜色，不要让那些新长出来的发根破坏你的形象。

化妆品的妙用：正确使用化妆品可以突出你的优点，让你看起来更容光焕发、更有吸引力，也更有活力。选对化妆品的类型和数量，你将拥有完美精致的外表，因为化妆品可以掩盖老年斑、痤疮、瑕疵和其他随着年龄增长而出现的问题。

要想知道什么颜色和产品最适合你，那就去高档百货公司上一节化妆课吧。通过这种经济实惠的方法，你能学到几招专业技巧，在家也用得上。国际化妆师安德鲁·C. 彼得森（Andrew C. Petersen）建议你找一个信得过的人，他会告诉你在特定的季节都需要些什么。彼得森说：“去的时候最好带一些你现有的化妆品，这样有利于化妆师告诉你需要补充些什么。”他建议每年拜访同一位化妆师几次，这样你就可以慢慢地与他建立起职业关系。

当你化妆的时候，就像穿上了正确的衣服：穿上它，你看起来就打扮利索了。“当你挤出时间化好妆，不管艳丽还是淡雅，都相当于送给了自己一份礼物，”彼得森说，“在我看来，美是由内而外散发出来的，而化妆就是承载美的框架。”

眉毛的维护：你的妆容可能会随着季节的变化而变化，但眉毛的形状应该一直保持不变。眉毛是你脸上最重要但却不被重视的一部分。每当有人看着你的眼睛时，他们就会注意到你的眉毛。要想拥有更精致的形象，你需要定期对眉毛进行专业的修剪和定型，这可以说是一次不需手术的整容。

关于香水的两点看法：如果在你进入房间之前，香水的味道首先飘了进来，或者当你已经离开房间很久了，香水味还迟迟没有散去，那就说明你用的香水太多了。像所有的好东西一样，香水的使用也要适度，尤其是你在工作的时候，其他人可能会对香水过敏。稳妥的做法就是工作时使用淡香身体乳，而不用香水。在一些特殊场合或者晚上出去玩的时候，香水能让你更妩媚更性感。要在穿衣前用香水，这样就不会弄脏你的衣服或首饰。

牙齿：大多数人都首先会注意到我们的笑容。如果你的牙齿发黑发黄，还有污渍牙垢，甚至缺牙少牙，这会彻底毁了你的形象。最近的哈里斯互动民意调查显示 94% 的成年人认为他们可能会在第一次见面时注意到一个人的笑容。85%的人认为，第一次见面时一个人的笑容“非常重要或者比较重要”。笑容是你性格的重要组成部分，会影响到你的自尊。如果你对自己的笑容不满意，或者对牙齿的外观感到尴尬或不自在，可以咨询美容牙医，看看牙医如何帮你排忧解难。迷人的笑容可以提升你的形象，增强你的自信，无论是在私人生活中还是在工作中都是如此。

指甲：大多数人（尤其是男性）注意到的女人的另一个细节是指甲。又长又尖的指甲和啃过的短指甲一样不专业。上班前检查一下，尽量不要让指甲油脱落。保持你的指甲干净整齐，指甲油要选轻薄透明或纯色的，这样比较符合职业环境。美甲艺术非常适合一些特殊场合，但不适用于工作场所。如果穿凉鞋或其他露脚趾的鞋，要让你的双脚保持良好的状态，脚趾也要悉心保养。

穿衣技巧

如果你想一直保持职业的外表，在工作中受到重视，在职场中取得成功，你要记住以下这些终极建议。

避免“情绪化”着装：当你感觉自己没有达到最佳状态时，要格外小心地选择一件能改善你情绪的衣服，而不是把情绪表现出来。诚然，我们都有精力不足、缺乏动力的时候，这种时候我们最容易选择安慰性的衣服，以匹配我们的心情。你是否会从衣帽间里随便拿出一件松垮的衣服，通常是深色的，看起来很阴沉。不管我们知道还是不知道，这样表达出来的信息很可能是“今天就让我隐藏起来吧”或者“请不要看我也不要和我说话”。出于某种原因，我们女性有时倾向于由内而外地交流。可是，我支持由外而内的交流，也就是说，让自己看起来处于最佳状态非常重要，尤其是当你感到精疲力竭、毫无动力、萎靡不振的时候。穿安慰性的衣服去上班只会让你心情低落，而且从悲伤的情绪中走不出来。你要盛装打扮，选择颜色和外形讨喜的衣服，这会让你精神振奋，心情愉悦。

性感等于作茧自缚：不管什么时候，只要你露出乳沟，哪怕就一点点，穿超短裙或紧身衣，都不会有什么积极的收获。确实，你可能会吸引到别人流连的目光，但展示身体部位可能是个祸根。不要像某些女性一样，让自己的能力和智慧被某种“外表”所掩盖，从而减少了获得工作或升职的机会。

阿普尔顿劳伦斯大学心理学教授彼得·格利克（Peter Glick）认为：“尽管外表吸引力在工作场所通常是一种优势，但性感的自我表现会给从事管理工作或立志从事管理工作的职业女性带来不利。”简而言之，如果你想在职场获得成功并被重视，那就降低你的性吸引力，凭借你的能力和才干脱颖而出。

三思而后行：如今初入职场的员工经常在面部和身体上做出变化，他们越来越多地用人体艺术和珠宝装饰自己。在平面设计公司、沙龙和针对年轻人的零售商店等工作场所，打孔和文身可被接受或者视为优点；但在传统的行业中，最好在上班前盖住文身，去掉铆钉。

追求卓越

我已经将我的风格策略教给了你，现在是你出发的时候了，去找到属于自己的标志性风格吧。希望我已经给你提供了一些方便的技巧来发现自己的最佳特征和最喜欢的服装单品。学会充分利用你的服装是形成个人风格的一个重要元素。世界上许多极会穿衣的女性都知道，培养个人风格首先需要了解自己，敢于对自己的形象进行投资，让展现个性的自然光芒从内到外散发出来。你可以根据自己的条件，用自己的方式，达到同样的效果。

第五章

关于说话声音的忠告

你说话的语调往往比你说的话更能表达你的想法。

——拿破仑·希尔（Napoleon Hill），畅销书作家

如果人们注意到我们的第一件事是我们的外表，那么接下来的重要印象就来自我们的声音。你的声音，你表达自己的独特方式，是人们注意到你的第二件事，而且无论你说话的声音如何，你都可以改善你的声音，使其更有力量。声音就是感觉，语言就是力量，措辞就是命运。

每次我们一开口，就向别人透漏出关于我们身份的很多信息。如果你曾经觉得电视主持人和评论员的声音听起来很相似，那么你的感觉是对的，但他们并不是一开始就那样说话。他们中的许多人不得不改变口音。我的一位大学教授曾告诉我，由于我的南方口音，我永远不会在广播界成功。想象一下这话对我的自尊造成了多大的影响啊。现在我更明白这个道理了。

我们每个人都有希望成功。即使你的声音听起来音调很高或者非常尖锐，你也可以把它改造成更悦耳的音色。同样，如果你鼻音重，或者有很重的地方口音，或说话语调单一，你也可以改善你的声音。我们中的一些人说话时有令人尴尬的笑声或反常的讲话方式，这些分散他人注意力的举止会阻碍我们的晋升或职业发展。

这似乎不可思议，但是作为一个人，你的一切，所有构成“你”的东西，都可以看作你的“品牌”。古怪的行为举止和说话方式会对你的“品牌”产生负面影响，也可能会阻碍你攀登成功阶梯的计划。

你可以从下面这四个方面来改善语言模式：

- 发音或口音
- 词汇
- 声调
- 句子结构

为你自己代言

你可以在演讲教练的帮助下改善你的说话方式，强化你的品牌。教练可以教你如何在讲话方式上做出一些非常简单、微小的调整，这将对你与他人相处的方式产生深远的影响。你要开始更仔细地听自己和他人说话。将你的说话方式与某些你尊敬的同事、客户或领导的说话方式进行比较。此外，我这里有几个改善措辞和说话方式的小窍门：

- 避免“跳音”式说话。这里指的是一些讲英语的人会省略字母 g 的发音。例如，把“going”说成“goin”，就属于跳音式说话。在非正式的场合，一些讲英语的人经常把几个词合在一起说，比如把“I'm going to go”说成“I'm unnago”。

- 消除填充词，包括“比如”“你知道”“嗯”“啊”等。在思考接下来要说什么的时候，你会用这些词凑时间，但保持沉默其实比使用填充词更好。这些填充词可能会给人一种印象，即你对自己表达的观点犹豫不定或者你不确定自己在说什么。
- 把声音放低一点会让你讲的话显得更有权威。如果你正在做一个演讲，需要额外的音量，你要改变提高音调的倾向。你可以稍微降低语气来提高音量。
- 用智能手机或数字录音机把你与朋友的谈话录下来，等你独自一人的时候再回放。你可能会对听到的录音感到惊讶，对自己的声音在他人听起来的效果感到震惊，不过一旦你克服了这种情绪，就要试着客观地评估你的优势和需要改进的地方。

反映你社会地位的最准确的标志不是你的口音（谢天谢地，因为我还有一点南方口音），而是你的用词。语法和用词在社会阶层之间有着巨大差异，所以避免使用重复否定词，比如“我昨晚没睡，几乎没睡”或者“我不需要什么，什么都不要”。

当你在职业生涯达到一定高度时，同事、客户和潜在客户都会注意到你的用词、你的发音方式和你的句子结构。

好消息是，扩大词汇量是一件相当容易的事。你需要的只是时间、耐心和多读书的意愿。大多数书店和图书馆都有关于培养超大词汇量的书籍和光盘，你也可以在网上找到一些很好的资源。我母亲只有高中文凭，但她每天都会把报纸从头到尾读完，以此来扩大词汇量。

除了词汇量，语法也是体现我们背景的标志。以下是你可能听过的一些常见语法错误，某些例句或许你自己也曾这样说过：

- "Him and me went to the store." [1]
- "Please join Bob and I at our table." [2]
- "Irregardless of the situation, I'm still not convinced." [3]
- "Where is she at?" [4]
- "I have went to that restaurant a few times." [5]
- "She ain't here right now." [6]

---

❶ 代词 him 和 me 是宾格却用作了主语。——译者注

❷ I 是主格却用作了宾语。——译者注

❸ Irregardless 是不规范的用法。——译者注

❹ 介词 at 是多余的。——译者注

❺ went 是错将过去式用作过去分词。——译者注

❻ ain't 是不规范的用法。——译者注

- “I seen that movie last night.”[1]

我们可能没有意识到，别人经常根据我们说话的句子结构来评判我们。如果你有意识地努力用完整的句子或短语说话，并彬彬有礼，你会“显得更成熟、更聪明、更有能力，也更有魅力”。

你赚多少钱与你说话的方式无关。换句话说，你可能是城里最富有的人，但你的语法技能可能还有缺陷，或者你的发音还有很多不足之处。我的朋友玛丽莲·默里·威利森（Marilyn Murray Willison）把这种现象比作买得起一辆全新的汽车却不知道如何驾驶。

练习并学会说一种听起来更自信的声音，你将发现其他人会自然而然地对你更有信心。提升你的外在形象并不需要奇迹般的大改造，与此相同，提升你的口头表达能力也能轻松实现。只要稍加努力，你就可以调节你的语调、精炼你的措辞、提升你的语法和用词，你所说的一切听起来就会更有说服力，也更有趣。

---

[1] 不正确的现在完成时用法，缺少了助动词have。——译者注

第六章

发现并创造你的个人品牌

如果能做自己，你就没什么竞争对手了。你要做的就是越来越接近那个本质。

——芭芭拉·库克（Barbara Cook），歌手、托尼奖[1]获奖女演员

[1] 美国话剧和音乐剧的最高奖项。——编者注

不管我们是否知道，每个人都有自己的品牌。个人品牌是指我们向他人“推销”自己的过程。每天我们都有机会在各种专业能力上推销自己，从试图给经理留下深刻印象，以便我们能够承担更大的项目，到说服客户相信我们有解决他们当前问题的方法，再到说服我们的另一半尝试一家新餐馆。

从你的外表到你的名片，再到你在脸书[1]和其他社交媒体网站上发布的内容，这一切（我的意思真的是这一切）都关系到你的个人品牌。

塑造个人品牌不仅限于金·卡戴珊（Kim Kardashian）、奥普拉·温弗瑞（Oprah Winfrey）、雷切尔·雷（Rachel Ray）或迈克尔·乔丹（Michael Jordan）等名人。管理大师和畅销书作家汤姆·彼得斯（Tom Peters）说得对：“不论年龄，不论职位，不论从事什么行业，我们都需要明白个人品牌塑造的

[1] Facebook，现已改名“元宇宙”。——编者注

重要性。我们是自己的公司——‘我公司’的首席执行官。”你就是你自己的“我公司”，你的穿着和你在每个场合的行为是你个人品牌的一部分。

是的，个人品牌可以随机产生，但我当然不推荐那种方法，因为那样会留下太多的不确定性。如果你打算享受成功的职业生涯，我建议你去发现并精心培育自己的个人品牌。不管你是求职者、顾问、学生、雇员还是企业家，你的个人品牌就是人们对你的印象。它是你的形象，你的名声，你的信誉。

个人品牌如何让你与众不同

有人曾用聪明、有魅力或幽默描述过你吗？如果有，那么这些品质就是你个人品牌的一部分。如果你觉得它准确地描述了你，那就更是如此。当你的联系人听到某个短语、概念或职业时首先想到你，你就应该知道你已经有了一个真正成功的个人品牌。例如，当我的朋友和客户听到“举止”和“礼仪”这两个词时，马上就会想到我。这绝非偶然。

成为一名礼仪专家不仅仅是一种职业，也是我的一种生活方式。对我来说，很重要的一点是将礼仪融入日常生活。礼仪就是我个人品牌的关键所在。

无论你是否塑造个人品牌，它都在那里，记住这一点会对你大有好处。我再说一遍，为什么要听天由命呢？要想发现、培育、传播你的个人品牌，请记住下面的公式：

你的自我印象 + 别人对你的看法 = 你的品牌

你现在知道了，如果你不刻意塑造自己的个人品牌，别人就会给你塑造。诚然，别人如何看待你的品牌以及他们如何评价你的品牌和你对自己的评价一样有影响力。花点时间写下你从客户、同事、老板和其他人那里获得的各种评论或反馈。考虑一下你对这份清单的感受。接下来，问问你自己："我想以什么出名？"然后选择一个合适的形象，这样你就可以在市场上给自己定位。一旦你搞清楚了这个定位，并有了一个关于自我印象和他人对你如何评价的可靠清单，就可以开始塑造你的个人品牌了。

你就是品牌

作为"我公司"的首席营销官，你要始终把自己视作那个独一无二的"你"品牌。丹·斯柯伯尔（Dan Schawbel）是年轻一代的首席个人品牌专家，也是《我 2.0 版》（*Me 2.0*）一书的作者，按照他的说法，每个人都应该有个人品牌工具包。这个工具包可能包含以下工具中的一个或多个：博客、网站、名片、简历、视频简历、作品集或社交网络档案。斯柯伯尔认为："你的品牌必须始终如一，而且你要强化工具包中的每样东西。"

还有其他一些物品也应属于你的品牌工具包，其中包括一些显而易见的东西，却被我们许多人认为理所当然或完全忽视了。

你的车：你可能认为车只是把你从 A 点带到 B 点的一个工具，但实际上你的车（就像其他东西一样）反映出你的身份以及你如何包装自己。你的车不仅仅需要燃料和日常保养，还需要保持干净整洁，无论是里面还是外面。你永远无法预知什么时候一个客户会因为他的车正在店里维修而提议搭你的车去吃午饭。如果你的车很脏或杂乱无章，这就传递出一条信息，即你是个马虎而没有条理的人。但是，客户为什么要搭你的车，这里还有另一个隐藏的动机。

你知道你的车可能会暴露你的一部分性格吗？夏威夷大学的利昂·詹姆斯博士（Dr. Leon James）（他研究并讲授驾驶心理学）认为你如何选择车在很大程度上反映了你的态度和个性。无论你的车是时髦、豪华型，还是实用型，它都是关于你的一个陈述。詹姆斯说："人们在自己的汽车上寻找一些属性，希望可以反映出他们的自我形象。"凹陷、肮脏、凌乱或功能不佳的车可能表明车主不负责任的态度以及其他一些特征。

如果你是一个吸烟的人，千万不要在车里吸烟，因为不吸烟的人会闻到你衣服上和你呼出的气味。你应该总是随身携带薄荷糖并在会见客户或顾客之前往嘴里放一两片。这是一个很好的做法，甚至也适用于不吸烟的人。

你的简历或作品集：在一个找工作的丛林里，如果想找到一个新的职位，你需要用上你能获得的一切优势。佛罗里达国际大学工商管理学院的职业生涯管理服务总监巴里·希夫莱特（Barry Shiflett）说招聘人员或公司官员浏览简历的平均时间只有 13 秒，在招聘会上，这个时间更是缩短到 8 秒。

把这一现实与高失业率结合起来，求职者要想获得一个好职位就要做一些工作。试着把你的书面材料或看得见的支撑材料（简历、作品集或小册子）想象成一个大型广告活动的一部分。你带去面试的每一份文件从头至尾都和你穿什么、说什么一样重要。

“简历的唯一目的是帮助你获得面试机会，”希夫莱特说，“所以要让简历上的每个字都有意义。”招聘人员和经理经常看到过于笼统而没有针对特定职位的简历。他们还看到大量的打字错误、拼写错误、信息模糊，以及遗漏日期等犯了很多细节错误的简历。要仔细检查一下你的简历，并且要每六个月就改进或更新一次，即便你现在收入丰厚、工作愉快。

记住，你说的、做的、穿的一切都代表着你的品牌。当你去面试或拜访客户或潜在客户时，把你的简历、记事本或宣传材料放在优质的活页夹或公文包里。带上一支精美实用的钢笔也能给你加分。这些物品会让你的形象更完美，提高你的身份，并且能用许多年。

信纸和名片：不管你是大学生、首席执行官，还是顾问，你都应该有自己的名片。有了现在的技术，制作名片既简单又便宜，但也许更好的做法是从办公用品商店或印刷公司订购一盒名片。你的名片上应该印有你的个人品牌标签，如“特许空调专家”，以及你的联系方式和公司标志（如果你有的话）。

名片是你业务行头的重要组成部分。我喜欢厚纸打印的名片。选择最能体现你个人品牌的颜色。米色（也称浅黄色、奶油色、象牙色或蛋壳色）和白色是最受欢迎的，但如果你想更华丽一些或表现出不那么严肃的一面，灰色、蓝色、粉色、黄色以及其他颜色也是可以用的。如果你还没有工作（或正在失业），花钱印一些拜访卡吧。拜访卡几乎和名片一样，不过上面只包含你的名字和联系方式。

在商界，礼貌很重要，个人感谢信正在回归。用一张卡片或手写的便条来表达你对客户和潜在客户的感激之情，这要和你想给人留下的印象相匹配。每个管理人员都应该拥有他自己个性化的印花感谢信或明信片，要用100%的棉纤维纸。棉纤维纸的触感明显比木浆纸更柔和，看起来更明亮、更清晰，其表面印刷的颜色看起来也更丰富。

印花信纸比热印或平板的信纸更贵，但外观和手感令其物有所值。同样，你选择的颜色及设计也要能反映你的业务和品牌。把你的信纸放在一个专门的抽屉里，这样当你想写一封快信的时候就可以方便地取到。

你的工作空间：无论你的工作环境是一个小隔间、一个能俯瞰全城的私人办公室，还是家中的一个空闲房间，它都是你向他人显示自己身份的一个东西。对我们许多人来说，书桌不仅仅是一个坐着工作的地方，还是我们在醒着的时候度过大量时光的地方，有时想想我们在办公桌前工作的时间可能比在床上睡觉的时间还要长，想想这有点可怕。

从一个开放式环境，到一个小隔间，再到一个私人办公室，你的工作空间向你的同事、老板和客户展示了大量的信息，所以对你来说，用批判的眼光来评估你的工作空间很重要。

另外，如果你的办公桌上堆满了文件、散放的纸张、记事贴，或者被成堆的杂志、糖果包装纸、空易拉罐包围着，你就需要彻底改变了。相反，一个完全没有任何私人物品的工作空间也述说了一些事情。如果你的办公室或工作空间是你个人品牌的反映，你希望它反映出什么呢?

除非你的公司对装饰工作空间有严格的指导方针，否则不要害怕向你的同事和客户证明你是有生活爱好的人，让它保持整洁、有条理而且有趣。你可能想在办公桌上放一张装裱好的照片，在书柜上放一件旅行纪念品，还有一盏装饰性的灯或者其他反映你个性的办公室艺术品。如果客户经常光顾你的办公室，或者你的办公室在人流量大的地方，那么你办公室的布置宁可保守一点——别人可能会觉得你收集的运动队马克杯或泰迪熊很无聊，而不是有品位。

你的照片：如果你还把大学时的照片当作职业照，是时候拍张新的了。一张精美的近照是你职业包装的重要组成部分，因为它可以用在你的名片、网站、博客以及社交网站上。如果你能登上杂志或报纸或者受邀在一个会议上发言，他们很可能会要求你提供一张照片，因而你手头要常备一张，随时可以通过电子邮件发送过去。

请一个专业摄影师拍摄，而不是让你的家人或朋友用他的数码相机拍。如果你是一位女士，那就再多花点力气，雇一个专业人士来给你做个发型再化个妆，打造出完美的外表。

选择最能代表你品牌的服装，要那种稍微保守一点、几年后也不会过时的。无论你是站着拍照还是坐着拍照，都要确保衣服合身。要穿纯色的衣服，衣服要能衬托你的发色和肤色。你选择的形象要适合你的企业文化、个人品牌、客户群和市场。把迷人的、粗犷的或戏剧性的形象留作个人使用。你的照片就像你的品牌一样，应该反映你的专业精神和信誉。

第二篇 如何培养风度

第七章

社交没效果？友谊见真情

交朋友只是一个快速的决定，而友谊却是一颗慢慢成熟的果实。

——亚里士多德，古希腊哲学家、教育家

凡·高曾经说过:“什么都没有比爱别人更具有艺术性。”尽管我也爱别人(至少爱他们中的大多数),但直到前几年我才喜欢与人交往。我们都熟悉社交的概念,但是关于社会活动还是有一些误区的,在这里我想澄清一下。首先,有一种假设,认为你必须“擅长”社交,否则它对你就没有什么帮助。还有就是经常有人告诉我们,要多认识一些人,这一点非常重要。可我还是更同意我那机敏睿智的约翰逊外婆的观点,她总说:“重要的不是你认识谁,而是谁认识你。”

社交不是数字游戏,跟你发出去或者收回来多少名片无关,跟你能卖出多少产品无关,跟你能快速给谁留下印象并通过闲聊利用他得到你想要的东西也无关。正确的社交是一个渐进的过程,在这个过程中你要和他人建立起真正的联系,并长期培养这些关系。

我敢肯定你在社交活动上一定遇到过一些人,他们看起来简直就是掠食动物,就像跟踪猎物一样地接近他们的目标,而且就像在动物王国里一样,当人类意识到自己被追捕时,就会逃命。

发展人脉最关键的一点是你和对方如何建立第一次的联系。

如果有人试图在没有建立联系的情况下把他们的商品或需求强加给我们，我们会要么挂断他们的电话，要么拒绝给他们回电话，也会在社交聚会上避开他们，删除他们的电子邮件，或者无视他们在社交网站上联系的请求。说白了，当你试图和一个不了解你的人建立关系时，剥削的心态是完全无效的，这样会弄巧成拙。

当你愿意奉献自己的社会资本时，最有效的社交才会发生。换句话说，你要寻找为他人服务的机会，而不是想着他们如何才能满足你的需求。我建议你训练自己的耳朵，学会去听问题，这样你才能提出解决方案。

例如，某个同事提到她需要一个好的机修工，你可能不认识，但你的人际网中也许有人认识。给你认识的人发封电子邮件、打个电话，做点调查，当你从别人那里知道了可靠的机修工时，把他的名字告诉你的同事。她会永远感激你的善良和主动给她提供的帮助。

这里还有一些其他方法来显示你的社会资本，扩大你的影响范围，并帮助你形成稳固互利的商业关系。

为什么会害羞

如果你在社交场合感到害羞，其实你并不孤独。《害羞：

大胆的新方法》(*Shyness: A Bold New Approach*)一书作者、印第安纳大学东南分校害羞研究中心负责人伯纳多·J. 卡尔杜齐(Bernardo J. Carducci)认为几乎 95% 的人都明白在某些情况下害羞意味着什么。"害羞不等于自卑,"卡尔杜齐博士说,"它并不是一种疾病,也不是人格缺陷或性格缺陷。"有一个好消息就是害羞并不影响你社交。

与其花少量的时间和很多人在一起,我建议花更多的时间和一小部分精心挑选的人在一起。人际关系的强度和持久更多地取决于这种关系的质量而不是数量,当你了解到这一点,可能就会感到比较欣慰。

不要让恐惧妨碍了你和他人的交流,要知道,你能做的比你想象的多。如果从不付出努力,你就会失去潜在的机会,别人也无从了解你特有的天赋。现在就去和陌生人交谈,在没有什么威胁的情况下练习自我介绍。这样,当机会出现的时候,你就能更从容自在地与不认识的人交流。

享受多样性的深度和广度

我们很自然地会被与自己相似的人吸引,但是你知道总是和一样的人交往其实对我们并无好处吗?参加会议或者社交活动的时候,我总能看到人们忙于一种"人以群分"的行为。我指的是那些相互认识的人聚在一起,他们或站着或坐着，却几乎忽略了周围的其他人。“人以群分”似乎是一种自然趋势，但是当房间里有这么多新的可能性时，为什么要和那些你认识或每天都要见面的人待在一起呢？

或许这种“人以群分”的行为习惯从童年时代就养成了，因为那时候我们总被警告不要和陌生人说话；但是，长期停留在熟悉的范围内不会达到我们建立社交关系和取得联系的目的。你要怎样才能拓宽眼界呢？至少每次社交活动时都要有意识地选择与你不认识的人或者通常不会吸引你的人进行互动。如果你愿意打破舒适区（或至少拓宽舒适区），并主动和一个不认识的人交谈，你可能会学到新的东西或满足自己的好奇心。

你知道吗，好奇心和幸福是有关系的。乔治梅森大学心理学教授托德·卡希丹（Todd Kashdan）在他的《好奇吗：发现满意生活中缺失的要素》（*Curious: Discover the Missing Ingredient to a Fulfilling Life*）一书中告诉读者，好奇的人有更高的幸福感。当我们主动尝试新事物时，大脑会产生化学物质多巴胺，每当我们处于安全但又不熟悉的环境中，多巴胺就会发挥作用。较高水平的多巴胺可以提升一个人的精神，所以如果你想感觉更好，那就释放你的好奇心。不要被可预料的和熟悉的事物吸引，相反地，你应该释放好奇心。多巴胺水平的增加会产生一种幸福感，也能让我们精神振奋。

这真是一个有趣的发现，拥有好奇的头脑能带来这么多的好处。事实上，这也是区分杰出人士与普通人的部分因素。就像我们的身体需要氧气一样，我们的大脑也渴望新经历、新活动和新朋友带来的刺激并且从中受益，这是区分平庸与非凡的关键。

对于你参加的每一个社交活动，我都鼓励你在人际关系中寻求多样性。把自己介绍给那些看起来最不像你的人，或者你可能会回避或忽视的人，尽可能地了解这个人。当你变得更有冒险精神时，就会尽量花时间和来自不同职业、文化和社会群体的人在一起。随着时间的推移，你将发现拥有不同的人际关系会给你带来新的想法、新的视角和更广泛的机会。

丰富你的谈资

当你与人初次见面的时候，要花些时间去建立融洽的关系。大多数高管最常犯的错误是过快进入商务谈话，其实应当花时间建立一些有实质内容的联系。做到这一点最好的方法就是讲述你的故事或者设法让别人讲述他们的故事（每个人都有自己的故事）。

研究表明，讲故事不仅能调动我们的所有感官，它还会触发左右脑的活动。人们关心并记住故事，也被故事所改变。我们中的许多人都是听着父母或祖父母一代一代的故事长大的。即使在商界，故事也具有一种独特的力量，它能将人们的心意、思想、双脚和钱包引向讲故事者预期的方向。

如果你想了解某个人的故事，有一个办法就是提出正确的问题。我最喜欢的问题包括“如果没做这一行，你想做什么？”和“你最崇拜的人是谁？”大部分人都喜欢谈论自己，这类问题会让人敞开心扉。他们往往很快就会说出自己的家事背景、前进动力、人生哲学和命运挑战。在这个过程中，只要你愿意，你就可以学到很多东西。倾听别人的故事最棒的一点是你会获得尊重，你只需分享自己的时间，带着热情去倾听，做出认真的回应，并真正努力去理解他的世界。你不必完全同意对方说的话，你该做的就是全身心投入。

在我的很多研讨班上，我们都会做一个叫作“了解你”的练习。我要求所有的与会者跟房间里他们几乎不认识或完全不认识的人搭档。我指示他们面对面坐下，然后我说：“想出你生命中一个特别的人，他影响了今天的你，然后告诉你的搭档那个人是谁以及他是如何激励你的。”一个人分享的时候，另一个人听，然后我让他们交换角色。

大约七分钟之后，我停止了这个练习。我总是惊讶地发现，大多数“分享双人组”要么有一些共同之处，要么有一些相似的故事。这种练习通常会显示出一个人的本性和弱点。当你与某人分享真实的自己时，对方也更愿意分享关于自己的信息，这就带来了一种联系，进而通向一份新的友情。

简而言之，如果你想更好地了解你的客户、同事或其他人，就必须在一个较为深入的层面上与他们沟通，这意味着你必须乐于谈论比天气、交通或名人八卦等更有意义的话题（当然，如果其中某个话题对你的生活有深远影响，则另当别论）。

保持开放的心态，并期待对方也报以开放的态度，只要行为适度，一定会对你有利。在分享个人信息的地点、时间和对象上要有所选择，因为不是每个人都会关心你的情况或尊重你的隐私。但是，如果你有眼光，并在适当的时间以优雅并谨慎的方式向适当的人展示你脆弱的一面，他可能会产生共鸣和共情，并认为“这个人跟我很像”。如果你的客户和顾客记住了你的故事，他们也会记住你这个人。

倾听者还是领导者

美国第三十三任总统哈里·S. 杜鲁门（Harry S. Truman）曾经说过：“不是所有的读者都是领导者，但所有的领导者都是读者。”阅读，大量地阅读并丰富你的阅读材料。床头经常放一本好书或一本好杂志，每晚睡前读几页。你知道的越多，在别人眼中你就越有趣，大家都喜欢和健谈的人在一起。

随时迎接机会

花点时间回顾一下迄今为止你生命中遇到的所有商务机

会和社交机会，从新工作、晋升、创业甚至到友谊和爱情。你永远不知道下一个好机会什么时候会出现，所以把你遇到的每个人都当作潜在的顾客、客户或最要好的新朋友。我很感激几年前就学到了这个可能改变我一生的经验。

1993 年 11 月一个清爽的早晨，白浪酒店的经理让我陪同其他十五名员工到棕榈滩县固体废物管理局进行一次“有教育意义的”实地考察。

“固体废物管理局是做什么的？”我问。我知道自己不喜欢这个地方的名字。

“那是县里的垃圾场。”我的经理带着苦笑回答。

“我一定要去吗？”我的语气带着抱怨。

“是的，你必须去，”她回答，“酒店开始了一项新的回收计划，我们的员工要去那里了解玻璃、易拉罐和纸张离开酒店后会发生什么，我想让你拍一些他们学习的照片，还想让你把这些照片刊登到我们的员工简报上。”

因为我在公共关系部门工作，所以经常要给员工拍照，也要为员工简报写文章，但今天不同了，去垃圾场还要了解垃圾的相关情况，这并不是我要优先考虑的事情。我当天的日程已经排满了，我知道这完全是把我的时间当垃圾了（没有双关的意思）。尽管我有所不满，但还是同意和其他酒店工作人员一起登上了旅游巴士，开始了我们的实地大考察。

当我们的大巴车停在固体废物管理局的入口处时，车门打开了，一个深色头发、肩膀宽阔的英俊青年上了车。他热情地说了声“你好”，并露出了灿烂的笑容，我一下子就被迷住了，立刻对垃圾和令人叹为观止的回收产生了强烈的兴趣。这个人叫布莱恩·格里森（Brian Gleason）。

参观结束后，我立刻给布莱恩手写了一封短信并寄给他。我的目的是与他保持联系，也想感谢他带我参观，并让他知道这次见面让我非常高兴。我当时并不知道，这封礼貌性的短信会带来我们的第一次约会，然后是下一次、又一次。简而言之，我不情愿地去学习了垃圾回收利用的情况，却给我带来了一个不曾预料的结果。布莱恩和我已经幸福地结婚了，这都是因为我敞开心扉，接受了一次本想拒绝的体验。

谁知道在不久的将来或遥远的未来会有什么样的奇遇等着你呢。如果你想培养新的人际关系、在公司获得晋升，或者只是想过更丰富更充实的生活，那就勇敢一点，去做一些你平时不会做的事情，或者去一些别人通常不会去的地方。你永远不知道自己会遇到什么机会。

给感情以成长的时间

说到建立人际关系，时间和耐心是神奇的要素。有回报的关系在许多方面都值得等待，这让我不禁想起中国的竹子。这种了不起的植物在生长方式上与其他所有植物都不同，大多数植物在几年内都能稳定地长高，而中国的竹子要花四年时间才能破土而出，在此之前，地面上似乎什么都没有发生，但地下却酝酿着一些大事，在人类的肉眼还什么都看不到的时候，竹子就已经慢慢地形成了强壮的根系。

然后，等到第五年，神奇的事情发生了。竹子长出嫩芽，并开始以惊人的速度生长。短短五周内，一株竹子就能长到九十英尺[1]高。如果你愿意静静地坐下等上一段时间，可能会看到它在你眼前生长。

我认为与他人的联系也应遵循类似的模式，尽管可能没有那么壮观。每当你与潜在的朋友、顾客或客户建立联系时，你就种下了一颗机会的种子，但这颗种子在生长之前需要培养和培育，有时需要几周、几个月，在某些情况下甚至需要几年，如果悉心处理好关系，它们也会像花儿一样盛开。那些种植中国竹子的人都知道，如果他们坚持严格地浇水和施肥，竹子最终会破土而出并茁壮成长。感情也是如此。

在有一定分寸感的友谊文化中，建立人际关系网能取得最好的效果，因为它不会被强迫、被利用或被强制。我认为的“联系”依赖于善良和因果，这与商业头脑、工作机会、社会地位或社交媒体技能一样重要（或更重要）。当你付出真心和真诚的时候，你不仅想要帮助别人，也自然会吸引他人

---

[1] 1 英尺≈ 30.48 厘米。——编者注

给予你帮助和回报。

让你的追求简单一些。要关心他人，知道他们看中什么，然后围绕这些优先事项展开对话和后续活动。互利的关系建立在信任、尊重和善意的基础上，其结果是建立起一种长期的高质量联系，在这种联系中，人们可以自由公开地共享信息和资源。

第八章

培养你与 VIP 的关系

不管你取得了多大的成就，都得益于他人的帮助。

——奥尔西·吉布森（Althea Gibson），职业网球运动员

要想与他人建立良好的关系并保持联系，你的社交计划里一定要包括几位 VIP（非常重要的人），这一点很重要。这些人有可能成为你强大的盟友，帮你实现个人和职业目标。

VIP 都是忙碌的成功人士，他们的时间很宝贵，再加上他们地位显要，所以他们能为你做的事可能比你能为他们做的多。但是这些关系不能急于求成，不能贸然向对方寻求帮助或提出请求，培养与 VIP 的关系需要大量的准备和耐心。

你可能知道，结识 VIP 的最佳方式是通过引荐或个人介绍。引荐的方式意味着一个了解并信任你的人已经对你进行过审查了。这样，你选择的 VIP 会更愿意跟你会面或开展业务。为了避免尴尬难堪的情况，你需要明白，那些成功人士往往要面对纷至沓来的请求，如果不是通过适当的渠道，他们根本不会与某个人产生联系。

当我的第一本书《优雅的力量（职场版）》需要宣传时，我完全不知道如何请名人来做封面推介。美国电影协会前主席、已故的杰克·瓦伦蒂（Jack Valenti）是我非常敬仰的一个人。2005 年，瓦伦蒂先生到访西棕榈滩并在贝尔湖乡村俱乐部的慈善午宴上讲话。我在报纸上看到他要来的消息，非常希望他能为我的书做宣传，于是就拿起电话预订参加这次活动。虽然当时的票价对我来说很贵，但还是值得冒险，我希望能在午宴上见到瓦伦蒂先生，并且送给他一份我的手稿。

重要的日子来了，按照我的一贯标准，遇到重要的事件或面试，我都会提前到场，这样才有时间了解场地，也为可能发生的任何事做好准备。一进入乡村俱乐部，拿到名牌，我就去找活动的协调人。

"能麻烦您把我介绍给杰克·瓦伦蒂吗？我有些东西想送给他。"我问。

实际上，这个活动的协调人就成了这件事的"接头人"。

"当然，"她回答，"您一看到我们俩一起进房间就马上过来找我们，如果等太久，他会被很多人围住，您可能就没有机会认识他了。"

我站在靠近门的地方，这样就不会错过仅有的、唯一的机会。就在午餐开始前，协调人和瓦伦蒂先生走了进来。我按照她的指示迅速走到他们面前，她做了介绍，我得以把手稿交给瓦伦蒂。他是我见过最有风度和魅力的男人之一。虽然他并不认识我，但他表现得好像我们已经相识多年。他和蔼而优雅，建议我几周后再联系他。

一个月后，我给他写了一封电子邮件，刚点"发送"几分钟，我就收到了回信，真是让人喜出望外。如我所愿，我的书得到了第一个正式的推介。

我与这位名人的相识并非偶然，相反，它是按计划进行的，我找到了可以帮忙的人，并向她求助。

下面介绍几个有效的方法，可以增进你与 VIP 的关系：

- 你想结识谁，就要阅读这个人写的所有东西。
- 阅读关于他的所有东西。
- 阅读这个人推荐的所有东西。
- 经常查看他的博客或网站。
- 注册他的新闻邮件。
- 在微信上与他联系（只有在你们已经建立了良好的关系之后才可以这么做）。
- 一旦你见过对方，就经常通过电话或电子邮件与他保持联系。
- 如果和 VIP 见面吃饭，你一定要买单。
- 最好等到你已经与他建立了真正稳固的关系之后，再去请求帮助。

盛情难却：如何得体地请求 VIP 帮忙

一般来说，找 VIP 当推荐人或者请求 VIP 帮忙的人多到数不清，如果 VIP 不是很了解你，他们一般会拒绝你的请求。

一旦建立起关系，你就要准备好采取行动了。礼貌地提出请求效果会更好，所以请遵守以下指导：

- **问候 VIP**：如果你给 VIP 写信或发电子邮件，一定要写上他的名字并拼写正确。如果邮件中没有收件人的名字，等于彻底暴露了你群发请求的事实。使用对方的名字表明你花了时间来个性化你的信息。
- **提醒 VIP**：VIP 都是大忙人。不要以为他们会记得你，谨慎地提醒对方你们是如何相遇、如何相识的，或者提起你们共同的朋友，这是一种礼貌。你们是在午宴、会议或研讨会上认识的吗？是通过别人介绍的吗？如果是的话，把这些信息写进邮件。VIP 每天都要见很多人，所以你要主动一点，简要复述一下你们会面的情况。
- **帮 VIP 做点事**：如果你曾为 VIP 做过什么事情，他们会更愿意帮助你。你读过他们的书吗？买过他们的产品吗？或者给他们最喜欢的慈善机构捐过款吗？你有没有给他们提供过好的资源或者把他们介绍给重要人物？你若为别人做了好事，他们也更愿意回报你。
- **请求要具体**：确保你的请求简单明了，并包含所有的事实或相关信息，否则，你可能很久才能得到回复或者压根没有回复。
- **给 VIP 一个期限**：如果你需要马上得到答复，要让 VIP 知道你的请求有时间限制。否则，你可能会错过一个机会。

- **感谢VIP**：如果你确实收到了私人的回复（正面或负面），记得给他发一封感谢信，对VIP的帮助表示感谢。让对方知道他们的努力对你确有帮助而且非常值得，这是很好的做法，所以如果你按照对方给你的建议去做了，记得向他说明一下进展情况。

当你开始培养与VIP的关系时，请记住以下几点建议：

- **深入研究**：研究VIP的爱好。如果你对他的爱好或兴趣有所了解，你们的通信或交谈会更顺利。如果你能找到与VIP的共同点，你们的关系很可能会从泛泛之交转变为更深的私人交情。
- **身体力行**：建立联系不是坐在家里或办公桌前等电话就能做到的。工作中，你需要尽早（并且经常）与VIP联系。最好不要等到你被解雇了或者需要帮忙或推荐的时候才联系他们。如果你出现在恰当的时间和恰当的地点，提供恰当的信息，并表现出恰当的态度，就会增加与VIP建立良好关系的机会。
- **舍得投资**：在某些情况下，你可能需要增加预算，要花一些钱才能接近VIP。如果必须花高价买一张午宴或庆典的门票才能见到VIP本人，你也不必惊讶。如果你能了解到VIP最喜欢的事业、慈善机构或母校，并以他的名义捐款，你将获得额外加分。说不定你会收到VIP手写的感谢信呢。

- **勇于表达**：不要害怕向 VIP 寻求帮助或提出请求，但要确保你知道何时开口以及如何开口。以礼貌、谦逊和尊重的态度接近 VIP，并大胆尝试。我的座右铭是：如果你不问，答案永远是“不行”，但如果你问了，答案可能是“可以”。
- **目标明确**：如果你参加活动的理由仅仅是没吃午餐，饿得想吃芝士泡芙或者想喝鸡尾酒，那可能会适得其反。你要专注于自己的目标。在心里列一个名单，想清楚要见哪位 VIP，一旦遇到他们就马上向他做自我介绍。如果可能的话，在饭前和你想见的人联系一下，因为一些 VIP 喜欢早早出现在活动上，然后尽快悄悄溜走，这样就可以赶赴另一个约会。不要因为紧张、拖延或迟疑而错失良机。
- **主动结交**：与 VIP 初次相识的时候，可以找主办方或权威人士（“联系人”）来帮你引荐，这比你自己去接近 VIP 更有意义。如果没有联系人，那就抱着乐观的态度主动出击。做完自我介绍之后，你可以问一些有智慧的问题，这样才能促成你们之间简短的交谈。询问 VIP 的想法或了解他的经历。当你关注对方的兴趣而不是自己的兴趣时，你们才能更快速更深入地建立联系。这就是我所说的社交礼仪，它会让你在发展人际关系方面走得更远，并对你的职业生涯产生重要影响。

- **向上社交**：如果我没有鼓励你把老板列入 VIP 名单，那就是我的失职了。在理想状态下，你应该把所有的同事都当作 VIP 来对待，但是和老板关系融洽却格外有意义。毕竟，你的老板是给你升职加薪的人，也是对你未来的职业发展有决定权的人。你的经理或主管也是你人生中非常重要的人物。你应该密切关注老板做了什么（或不做什么），并尽可能了解他的个性、工作风格和价值观，你一定会从中受益。

注意观察你的老板在顺利的时候和走霉运的时候都做些什么，留意他认为重要的人和事，以及他如何处理公司内部的关系。明白老板的目标和重点，找出他的薄弱环节或者面临的挑战，问问能否帮他做些什么。

《女人当自强：成功人士的 17 种特质》（*The Self-Empowered Woman: 17 Characteristics of High Achievers*）一书的作者威利森认为，你应当格外注意那些老板不喜欢做的事，然后把它们变成自己特别擅长的事情，这么做非常明智，你不仅能在老板那里得到额外的加分，也能让自己变得不可或缺。你做事主动而且乐于承担额外的工作，老板可能因此把你列入 VIP 名单。

第九章

磨炼你的商务接待技巧

真正的待客之道是一种源自内心的情怀，它无法言表，却能立刻感知，陌生人都会瞬间放松下来。

——华盛顿·欧文（Washington Irving），作家、散文家和传记作者

我在佛罗里达长大，从小就被教育要懂得待客之道，尤其是要有那种“南方式的”好客。当我回想起童年时光，许多夏天的画面浮现在脑海中——甜茶、前廊、与朋友或家人一同享用的周日晚餐、精心布置的餐桌、香橙花、远处火车的汽笛声以及避之不及的嗜血蚊子。

尽管我们家境平平，但我母亲却是个非常了不起的女主人，因为她最关心的永远是她的客人，她总是希望家里的客人能感到自己受欢迎，感到开心，最重要的是客人吃得好。幸运的是，像大多数美国南方妇女一样，她是一个出色的厨师。母亲能做出最令人垂涎欲滴的美味烤牛肉、海螺豌豆和土豆泥，还有配着米饭和番茄酱汁的炸猪排。

这些年来，我热爱烹饪，喜欢宴请宾客，我很确定这是继承了我家里女人们的优点，因为我从小就看着她们充满爱意地准备简单而美味的饭菜。她们教会了我真正的待客之道。热情好客并不意味着你要在食物和装饰品上花很多钱，也不意味着你要绞尽脑汁给人留下深刻印象。要成为一个好的主人，你需要的只是一些基本的技巧、充足的准备时间和开放的心态，而且最重要的是，你要有好客的精神。

在某种程度上，我们生活中总会因为工作原因接待别人。这可能很简单，比如邀请某位同事到家里喝杯咖啡、吃点零食，或者邀请来访的客人在办公室里享用一份三明治加碳酸饮料，或者去附近的餐馆与老板一起吃顿饭，又或者打完一场高尔夫后请客户在高尔夫俱乐部的酒吧里喝杯饮料。

无论在什么地方，所有的待客之道都包含某种形式的热情好客。热情好客就是将优雅和风格交织进深层次的欣赏，这样才能产生令人愉快的交谈和意气相投的陪伴。待客之道融合了许多代代相传的高尚美德——彬彬有礼、和善包容，以及对他人的热情赞赏，这都要基于开放体贴的胸怀和心态。

简单地说，待客之道是一种温和的分享艺术。花些时间让别人产生良好的感觉，把别人的舒适放在自己的舒适之前，这是一种高尚的姿态。无论你是付出者还是接受者，热情好客的态度都必然会让你感觉良好，也会让你的客户和同事感到自己很重要而且受到关心。

我们都有招待别人的时候，但通常都是比较随意自然的朋友往来。可是在工作中，如果你经常接受别人的邀请，商务招待就变得非常重要（甚至是必须的）。如果你总是接受别人的招待，却从不回请，那么你可能会被认为是一个只索取不给予的人。无论你从事什么职业或有什么目标，都有很多招待他人的理由和机会。以下是其中的一些：

- 回报别人的热情款待。
- 巩固友谊或结交新朋友。
- 分享你的烹饪技术和招待能力。
- 展示你家有多漂亮或者你的家乡多么有魅力。
- 庆祝某个特殊事件或纪念某个特别的人。
- 更好地了解同事或可能给你指导的人。

相反，有些人举办派对是为了巴结别人，表现自己，或者能在公司升职，估计你也参加过一些这样的活动。但是要想做一个真正好客的主人，关键在于你要永远把焦点放在客人身上而不是自己身上。换句话说，如果你招待客人的理由都是正当的，那么你真诚热情的待客之心一定会被所有人看到。

轻松自如待客

想和同事、顾客或客户建立起更深层次的亲密关系或者更坚固的联系吗？那就想办法在轻松自在的氛围中招待他们。下班后一起吃顿放松的晚餐或者一起喝上一两杯，只要不是在办公室开各种各样的会议，你肯定会惊讶地发现某个人性格中一些不为人知的方面。在办公室之外，我们理所当然会放松下来，自然而然地做回自己。换个环境，找个休闲的场所，或许再来点酒（适量的），就能在一个完全不同的层面上与他人建立起关系。当你们都乐在其中的时候，你会惊讶地发现你对一个人的了解能如此之多。

旅途中的高效商务接待

我热爱美食，喜欢与人相处，经常出差参加商务会议，这些都帮助我提高了组织能力。曾经有一段时间，为了见一长串要见的潜在客户或同事，我把自己弄得筋疲力尽。我终于明白，与其在几天时间里和若干人安排一系列单独的午餐，不如整合我的社交日程，为自己省去很多麻烦和忙乱。

几年前，我在佛罗里达州坦帕市参加一个形象顾问会议时，需要在三天内见五个人，同时我还要参加几个研讨会。由于社交时间有限，我知道不可能见到每个人。这时我发现其实我可以邀请所有人和我一起吃顿晚餐，这样就不必牺牲一个研讨会，也不会失去与真正想见的人见面的机会。

我一直认为，一次极好的聚会必然是不同职业和性格的人在一起的完美结合。通过一次会面，每位“客人”都能从中受益，我也能与他们所有人保持联系，甚至还可能获得一些未来的商业机会。

基思·法拉奇（Keith Ferrazzi）在《永远不要一个人吃饭》（*Never Eat Alone*）一书中说，他管理自己的时间和约会的方法就是，无论做什么事，都要邀请别人参与。他写道：

“有时候我会带潜在的雇员去健身，在跑步的过程中进行面试。偶尔也会叫几位员工和我共乘一辆车去机场。”法拉奇发现，这种多任务处理的方式成本低廉，而且能让他与“团体”中不同的人保持联系。

和我一样，你可能也发现了，互联网是保持联系和建立关系的极佳资源，而且经济实惠。我最近去了南卡罗来纳州的查尔斯顿，我在推特上发了一个消息，说要去那里出差，并且想和一些在查尔斯顿的推特联系人见面。很快，一个叫劳拉·奥特罗（Laura Otero，我从未见过她）的粉丝在推特上说她很喜欢这个聚会的想法，还想多邀请一些人参加“推友聚会”。奥特罗联系了她的八位推特好友，邀请他们参加了一个名为“结识礼仪专家杰奎琳·惠特摩尔”的鸡尾酒会，聚会地点是一个叫作亭吧的漂亮酒吧，在那里能俯瞰海港和城市风光。那是一个充满欢乐的夜晚，每个人负责支付自己的餐费，我结交了一些很棒的新朋友，也建立了一些新的业务关系。

这种推友聚会几乎可以在任何地方举行——当地餐馆的私人包房、风景优美的公园甚至是保龄球馆。无论你是职场新人，还是经验丰富的专业人士，都要寻找机会来建立人际关系，扩大自己的影响范围。你所需要的只是一点规划和创造力。

主人提酒致辞

说到举办活动，其实不必过于复杂，也不需要铺张浪费。如果你预算有限，或者对招待客人不太在行，可以试着在当地的餐馆或比萨店组织一次集体午餐；也可以约上几个朋友，下班后去运动酒吧或其他热门酒吧享受欢乐时光；或者如果你生活在近山近海的地方，可以组织一场野餐，有三明治、薯条和碳酸饮料就可以。如果你想做更大胆的尝试，或者家里地方够大，能容纳几位客人，还可以请两三位同事到家里吃顿便饭。

我结婚好几年后才有勇气举办三四个人以上的活动。经过多年的实践，我现在对主办更大型、更重要的活动已经很适应了。例如，我每年都要在棕榈滩的家中举办两次营销训练营，招待多达十位礼仪和形象顾问。这些参加人白天在我家开会，晚上在附近一家旅馆过夜。

培训第一天，我会邀请参加人在傍晚的时候和我一起到日落的海滩散步。这种场景的变化给了我们所有人一个放松和转换的机会。我会带个冷藏箱，里面装上葡萄酒，还有瓶装水和碳酸饮料，再带上几个塑料杯，这样客人们就可以选择饮品了。我发现，当令人放松的海浪声、赤脚下柔软的白沙、爽口的长相思葡萄酒或清爽的气泡水结合在一起时，一天或一周的压力很快就会消失。

在海边散步的时候，我们不谈公事，相反，我们会分享关于家庭和生活的故事。我们互相敬酒，我们开怀大笑身心放松。这是一种很好的交流体验。

我鼓励你也找机会让别人参与你喜欢做的事情。无论是在美景中远足、观看体育赛事或听音乐会、出席盛大的开幕式或签售会、在优雅的酒店享用下午茶，还是参加任何其他活动，能与他人分享你的热情，听到他们的赞赏，都是一种深层次的快乐。

将热爱融入交际

你对什么事情最有热情？考虑一下如何围绕你的兴趣爱好举办一场活动，以一种令人耳目一新的独特方式来吸引新朋友或维护现有关系。如果你喜欢戏剧，可以邀请潜在的或现在的客户和顾客去看一场演出。从漫步大自然到冰激凌聚会，从蓝调音乐会到芭蕾舞，你做什么并不重要，重要的是你对它的感觉。做一些你喜欢的事，你的客人也会欣然接受。

用激情点燃你的一天或一周，并和有趣的人共享，你所做的依然是联系新朋友或继续加强现有关系，新的场所和体验只是你处事方式的一个自然延伸。

第十章

优雅从容的待客之道

这就是待客的秘诀。让客人有宾至如归之感，如果你真的这么做了，接下来的事情就会水到渠成。

——芭芭拉·哈尔（Barbara Hall），作家、电视制片人

在饭店里招待客户、顾客和同事可能是一件很有趣的事。但你知道吗，你能送出的最慷慨的一件礼物就是邀请别人到你家里做客。在家里招待客人时，你展示了自己更私人的一面，进而可以与客人建立起友情和信任。我和我丈夫布莱恩都非常热爱我们的家，也为能与他人分享我们的家而感到自豪。我们的房子不大，也不豪华，但它很舒适，装饰得很有品位，我们总是随时有好吃的东西。

组织一次或随意或精致的活动并不需要你是美食家或大厨，也不需要你是专业的派对策划人。你所需要的只是做好一点点规划和准备，还要有一些冒险精神。我知道最好的主人应当是全心全意地招待客人，并且乐于关注细节的人。首先，你要有条不紊，不要让计划出错。不幸的是，我们中的许多人都是经历了失败，然后才学到这个重要的教训。我希望能帮到你，不管你的招待活动是多是少，都能表现从容，避免尴尬。

邀请老板或重要客户来吃饭之前，你最好先和朋友演练一下。朋友往往不那么挑剔，会更宽容。我们刚结婚那几年，布莱恩和我都需要一些演练的机会，于是我们决定招待几个朋友来吃晚餐。我犯的第一个错误是要做一道以前从没做过的菜——炙烤牛里脊。第二个错误是问布莱恩，先在烤架上把肉烤到半熟，然后再放进烤箱里烤熟需要多长时间。他说一共大约要四十五分钟。

现在，我知道关于做饭这件事最好不要征求我丈夫的建议，以下就是原因：我们的客人已经到了，可是牛里脊还生着呢（实际上至少还要一个小时才能做好）。我也没准备餐前小食，在食品柜里手忙脚乱地翻了半天才找到一袋吃了一半的薯片和一些不新鲜的坚果。没办法，我只能把这些不怎么样的零食给客人端了上去，又加了几杯鸡尾酒，才终于等到菜做好了。幸好我们的这些朋友仍然玩得很开心，并不知道我们侥幸避免了一场烹饪灾难。

如果这样的事情发生在你身上，一定要把焦虑留给自己，不要让客人注意到。放弃追求完美的想法，拿出你的幽默感和自嘲精神，我保证，你一定会渡过难关。为重要的客户或同事上演大戏之前，先招待几位朋友可以说是一次很好的彩排。这样你就会知道如何布置舞台，并且准备好你曾经做过的拿手菜。还有，你也会像我一样，知道不该向谁求助烹饪问题。

成为好客主人的十大建议

放心吧，当今世界节奏很快，大多数人都没有多少时间和精力，对聚会也没有绝对的规则。但最好记住这个原则：未雨绸缪可以防患未然。毕竟，商务接待和非公务接待的目的都是让你的客人在没有太大压力的情况下度过一段美好时光。下面十条建议可以帮到你。

1. **做好准备工作**。提前了解客人是否对食物过敏或有其他饮食忌口，并据此规划菜单，或准备一次有多种食物可供选择的自助餐。我的建议是简单就好，提供你熟悉的东西。不要像我一样，第一次招待客人就尝试做一个不熟悉的、复杂的或费力的菜，尤其是如果你要招待的人是你的老板或重要的客户。久经考验的食谱才是最好的。如果你想表现得与众不同，可以提供一些有异国情调或格外特别的东西，但是决定拿给客人之前，至少要练习两三次。

2. **列个清单**。就像商业计划一样，你要把做饭会用到的东西都写下来。尤其令人抓狂的是，你以为所有的食材都准备好了，可是菜做到一半却发现盐、糖或黄油不够了。如果真的发生这种情况，我希望你能和邻居保持良好的关系，否则你会在最后一刻疯狂地冲向商店。

3. **准备好各种饮料**。一个好主人的标志是能为一群人准备好几瓶红葡萄酒和白葡萄酒，同时也能为其中几位滴酒不沾的人准备好足够的无酒精饮料。

4. **储备些零食**。包括坚果、薯片、辣番茄酱或其他蘸酱、一到两种奶酪、薄脆饼干和一到两种冷冻开胃菜。选择那些容易吃、只需一口就能放进嘴里的开胃小食，这样就能保证没有人把碎屑弄到他漂亮衣服上或你的地板上。

5. **前一天尽可能多做一些工作**。我喜欢在前一天晚上布置好餐桌，还喜欢在聚会前几天把餐具清洗干净，把盐和胡椒瓶装满，以免在最后一刻慌乱。

6. **熨烫好餐巾。**如果提供鸡尾酒的话，就要准备好亚麻的鸡尾酒餐巾或者至少是有装饰性的纸质鸡尾酒餐巾。如果是晚餐，我更喜欢亚麻餐巾，因为它们比纸质餐巾更优雅。

7. **营造氛围。**蜡烛能简单快速地为一个家营造出氛围感，而且还不用花多少钱。我们都知道，烛光之下，每个人、每件事看起来都更加美好。尽可能多买些蜡烛，放在房子的各个地方。记得在餐桌上留一些没有香味的蜡烛。客人到达前十五到二十分钟就要点上蜡烛，但是餐桌上的蜡烛则要等到所有人都已就座准备开餐的时候再点燃。

8. **选好曲目。**要举办一场好的晚宴，音乐是重要元素，因为它为晚会奠定了基调。在智能手机或智能音箱上创建一个晚宴曲目播放列表，或者提前设置好 CD 机，这样当客人到来时，音乐就会响起，并播放整个晚上。

9. **备好咖啡和茶。**在聚会前大约一个小时，设置好咖啡机，把奶油、牛奶、糖和甜味剂放在好看的容器里。调味品要放在漂亮的碗里或其他容器里，不要把瓶子直接放在桌子上。把咖啡杯、茶碟、茶匙和各种茶放在餐桌边的托盘上。

10. **别把有香味的东西放在餐桌上。**有香味的蜡烛和鲜花可能与食物的气味产生干扰，甚至会盖过食物的香味。有些人本来要好好享受一顿晚餐，却被星空百合或香松烛的味道弄得招架不住，我这些话就是代表他们说的。

建议：给自己留点时间。要留出足够的时间洗澡、换衣服，让你在派对上看起来容光焕发。要在门口带着轻松的微笑迎接客人。准备得越充分，你就会感觉越舒服，在自己的派对上也会玩得更开心。

合理安排座位

一场晚宴如果能取得极佳的效果，其秘诀一定是将不同职业和个性的人完美融合在一起。无论你是在家里还是在餐馆招待客人，都要在座位安排上花点心思。避免过于随意地“随便坐”，因为这样会让人处于尴尬的境地。特别注意客人之间能否相互吸引，如果你很了解这些来宾，就会知道谁和谁相处得很好，这就是为什么座位卡是一个很好的选择。座位卡的好处是，每个人一走近餐桌就知道自己应该坐在哪里，否则，你可能不得不亲自引导客人到正确位置就座。座位卡的另一个好处是，当客人看到自己的名字时，会不由自主地觉得自己很特别、很受欢迎。

上菜的顺序取决于这是社交活动还是商务活动。如果你要举办商务晚宴，请根据等级和地位安排客人的座位。你应该坐在桌子最前端，你的贵宾（如果有的话）应该坐在你的右边。先为贵客上菜，然后按逆时针方向招待其他客人。在社交场合，女性优先。按照礼仪规定，男女主人的菜总是要最后端上来。

下面是一些安排座位的小建议，可以促进餐桌上的顺畅交谈：

- 伴侣分开就座。根据礼节和常识，已婚的夫妻或情侣不应该挨着坐。我就犯过这样的错误：在一次晚宴上，我把一对已婚夫妇安排在一起就座，结果他们吵了一晚上。
- 把最健谈的人安排在中间，最好挨着腼腆的人。
- 有两张桌子时，你坐在一张桌子上，让跟你联合主办晚宴的同伴（如果有）坐在另一张桌子上。如果有三张或更多的桌子，就给每张桌指派一个主持人。

关于酒的学问

“白葡萄酒配鱼肉或鸡肉，红葡萄酒配红肉”这种说法现在已经不适用了。如果去饭店聚餐，就点你喜欢的或者你认为客人会喜欢的东西，这样总是比遵循这个过时的规则要好。在我家里，我既提供红葡萄酒也提供白葡萄酒，然后让客人按自己的喜好去选择。

如果客人不喝酒，你要提供不含酒精的饮料，不要对他们的选择发表任何评论。如果有人拿他们不喝酒来说事，他们会感到非常不舒服。

如果你知道你的客人喜欢在晚餐的时候喝一两杯葡萄酒，而你又想表现得对葡萄酒比较了解，你会喜欢下面的建议。为了帮助我收集最准确的信息，我与葡萄酒专家、《加州和太平洋西北地区平价葡萄酒指南》（*The Affordable Wine Guide to California and the Pacific northwest*）的作者马克·斯皮瓦克（Mark Spivak）进行了会谈。

- 在饭店里选酒是主人该做的事。明智的做法就是别让客人自己选，因为他们可能会点一些超出你的价格范围或报销范围以外的东西。如果你决定炫耀一下，想点一瓶最贵的酒，那可能会向客人传递错误的信息。你不该让他们认为你是那种乱花钱或喜欢报销占便宜的人。如果你不确定要点什么，可以选择价格适中的酒，或者让侍酒师给你推荐一下。如果你想把酒的价格控制在某个范围内，可以谨慎地指着酒单上的某个价格问侍酒师："您能推荐一下这个区域的酒吗？"（你的客人并不会知道你指的是什么。）

- 没有必要把客人的杯子倒满。留出足够的空间来晃动葡萄酒，欣赏酒香的细微差别。记住，不管你喝的红葡萄酒还是白葡萄酒，都要拿着酒杯的柄（而不是端着杯身），这么做可以避免一些香味，比如香水，传进杯子里。一些专家认为，握住杯身会提高葡萄酒的温度，而且手指印留在杯壁上还会大大降低酒杯的视觉效果。
- 拔掉酒瓶上的软木塞，会有少量空气和葡萄酒发生相互作用，但这并不意味着打开酒瓶就能让酒“通气”了，所以喝酒前最好先把红酒倒进醒酒器。醒酒有三个常见的原因：年份较长的酒可以分离沉淀物；年份较短的酒可以透气；酒窖很冷，刚取出的酒温度太低，这么做能提高其温度。如果你选的是年份短的赤霞珠、西拉或者混合的酒，要提前大约一小时开始醒酒。许多侍酒师会自动给年份短的红葡萄酒做醒酒。年份较长的葡萄酒则要复杂得多，而且年份越久的酒透气的时间要越短，因为这种葡萄酒暴露在空气中会变质。对超过十年的陈酿要格外小心，尤其是比较娇贵的品种，比如黑皮诺。
- 有些情况并不经常发生，但偶尔你可能会遇到一瓶不好的酒。受到污染的葡萄酒很容易分辨，把酒倒出来后先闻一闻（不是闻软木塞），如果你发现气味难闻，就像潮湿发霉的地下室或浸过汗水的运动袜，就去退货，或者如果正好在饭店，就直接退掉。

你该如何招待客人

优雅待客的秘诀极为简单：匠心和贴心。如果你要举办一次大型的聚会，放心大胆地委派别人帮忙。如果你有一位经验丰富的朋友或同事主动要求帮忙，不要拒绝。如果没有这样的人，你可以考虑雇人帮你布置场地、端饮料、拿外套、打扫卫生，这样你就可以全心全意地关照客人。

只需进行一些计划、准备和组织，你就可以打造出一个轻松、好客的氛围，让一切都有条不紊。不要浪费宝贵的时间，整个晚上都往厨房跑。脏盘子可以等大家都走了再洗。

客人是来享受和你在一起的时光的，而且很可能，他们也会享受跟其他人的相处时光。你营造的热情氛围还有你对细节的关注，都会让客人永远感激你的盛情邀请，你也会为此感谢自己。

第十一章
做世界上最棒的客人

一场成功的盛宴不在于肉多肉少，而在于客人快乐与否。

——爱德华·海德（Edward Hyde），英国历史学家、政治家

在一群闹哄哄、醉醺醺的人面前讲话真是最让人伤脑筋、最丢脸的事之一。几年前，我受雇于一家公司，在佛罗里达州劳德代尔堡最好的一家海滨餐厅教授用餐礼仪。这家公司的首席执行官告诉我，他的员工会在下午五点半集合，登上他的私人游艇，然后启航前往餐厅。我开车去的餐厅，按指示在晚上七点到达，之后不久，游艇停靠在码头，一行人下了船。他们中的许多人上楼梯时大摇大摆、晃晃悠悠。每个人都特别兴奋，我花了几分钟才想明白为什么。之前的一个半小时里，这群人在去餐厅的路上喝了无限量的鸡尾酒还吃了开胃小菜。他们已经喝得很尽兴了，到了这里，又迫不及待地点晚餐和更多的酒饮。时间越来越晚，他们也越喝越醉，对我的用餐礼仪讲座也越来越没兴趣。于是，我缩短了演讲时间。

在工作场所，职业活动和社交活动之间的界限往往很模糊，当两者结合的时候，就更是如此。和客户、顾客或者同事一起参加社交聚会是一个很好的机会，你可以给那些在工作中关注你的人留下积极的印象，但有些人就很不幸，他们随心所欲、心不在焉，表现得像在当地的酒吧一样，那么这次聚会对他们来说堪称职业杀手。当涉及与工作相关的社交活动时，一些公司可能会对职业礼仪有明确的规定，但大多数人都是自行其是。

如何通过针对客人的测试

为了保证你能获得他人的好感（也为了保证你不会错过自己的职业机会），这里有一些简单但又经常被遗忘的建议。当你受邀参加办公室聚会、去某人的家里做客、出席募捐活动、去餐厅吃饭、参加特殊活动，或者去其他任何地方时，你要记住这些礼节。

- **及时回复：**收到邀请，尽快回复是一种礼貌。如果超过一周你还没回复，可能会让人觉得你是在等待另一个更吸引人的选择。为了知道客人是否会来，主人不得不给他们打电话，太多的主人跟我抱怨过这种窘况（更不用说浪费的时间了）。
- **说到做到：**如果你接受了一个活动邀请，就要遵守承诺，除非有个人紧急情况，如果遇到这种紧急情况，要立即通知主人你不能参加活动了。有时候，因为一些不可避免的问题，你不能从头到尾参加一个活动，在这种情况下，你可以提前告诉主人，并表示很遗憾你必须离开。如果不能拿出真实合理的借口，你就可能不会再受到邀请了。

- **如果带未被邀请的客人出席，要先征求主人的同意：**如果拿不准，就直接问主人或组织者“可以带其他人吗”，如果被允许带未被邀请的客人，也请慎重选择同伴。一个没有礼貌、穿着不得体的客人或不合群的人会给你造成不好的影响。
- **带一份小礼物：**如果你被邀请去别人家做客，记得表达一下你的感激之情。常见的礼物包括各种茶或咖啡、热可可粉、葡萄酒或香槟、香薰蜡烛、松露巧克力、进口橄榄油、特别的果酱或酸辣酱，或者一些手工制作的美味食物。在礼物里面插一张写有你名字的小卡片，这样主人就知道是谁送的了。最好不要送玻璃纸包裹的花，因为这会给主人增加负担，主人必须撇下客人去找花瓶。在聚会当天或第二天送花都可以。如果你带了一瓶酒，不要认为主人会当场端给客人，他可能已经选好了酒来配这顿饭，也许会把你送的酒留到下次再喝。
- **注意取餐的分量：**每次服务人员经过都拿些开胃小菜堆在餐巾纸或盘子上是失礼的行为。也许主人会提供餐前小食或者开胃菜，但你的注意力应当在聊天和交际上，而不是肉丸子上。选那种容易吃的东西，不要让食物塞进牙里或者引起口臭。在口袋或手提包里放一些薄荷糖，做自我介绍或者和别人握手之前，往嘴里放一块。如果你手里的杯子很凉很湿，一定要用左手拿，以免和别人握手时右手又凉又湿。

- **交际**：尽量把自己介绍给不同的人。投资组合的特征就是多样化，建立人脉和管理关系也是如此。如果你参加一个办公室活动，一定要见见公司里不同级别的人，特别是那些来自不同部门的人，你可能早就与他们远距离互动过，但却从未谋面。如果是工作场所之外的活动，你要对每个人都保持开放友好的态度，你今天联系的人将来可能会成为你最好的客户、顾客或老板。
- **坐在指定的位置上**：永远不要根据自己的心情或意愿移动桌子上的位置卡。如果你想坐在某人旁边或者坐在特定的桌子旁，要提前打电话给主人询问可否这么要求。
- **享受你能吃的，忽略不能吃的**：如果遇到不喜欢吃的东西，就把它稍微往盘子边缘推一推，注意力要放在谈话上面，或者你也可以尝一小口，说不定会感到惊喜。避免把你的喜恶、对食物的敏感或偏好当成大问题，不要发表个人言论，以免给主人（或你自己）带来不好的影响。只管享受你能吃的东西，重点在于欣赏你周围的社交活动。如果你因为伦理、医疗或宗教原因而不吃某些食物，提前告知主人很重要。你可以礼貌地表达出来，比如:“内德，我现在吃素。我相信有很多东西我可以吃，不过，我还是很乐意带一道菜来和大家分享。”

- **保持积极对话：** 很少有人喜欢和陌生人闲聊，但你可以做一些事情来让它变得更容易。站在靠近门的地方，其他客人进来的时候，和他们打招呼，主动和独自坐着或站着的人攀谈，或者向三个或三个以上的一群人介绍自己。永远不要打断似乎正在专心交谈的两个人。当你不知道说什么时，可以这样开头:“你是怎么认识这位主人的?”“你觉得这里的装饰怎么样?”“你试过那个锅贴吗？特别好吃。”这样你就可以进一步展开聊天了。

餐馆、电影、书籍、当地发生的事件和个人爱好都是社交聚会上比较受欢迎的话题，时事也可以。金钱、宗教、性和政治这类话题要尽量避免。说同事、客户，甚至老板的坏话很不礼貌，甚至可以说是非常糟糕。如果有人提出敏感问题，引发了争议或分歧，你应该安静地离开，负能量的人总会引来风雨，你要给自己找好避难所。如果某个“聪明人”(人群中总有这样的人)提起一个可能引发不快的话题或开了一个令人不快的玩笑，尽可能忽略它然后抽身离开。如果和你说话的人喋喋不休，你感到被困住了，那就试着换个话题，简短交流，然后找机会去跟下一个人聊天。

- **管好自己的盘中餐：** 当你和朋友在饭店吃饭时，从别人的盘子里取一点东西，互相交换食物，尝尝不同的口味似乎是一件礼貌的事情，但这样可能不卫生，有时会很尴尬，尤其是有时候同桌的人并不愿意分享。如果你的同事坚持要品尝彼此的食物，向服务员要两三个干净的小盘子，然后用干净的餐具把食物放到小盘子里。最好不要在所有人都已经开始吃东西之后才交换食物，因为这是一个卫生问题而不仅是礼貌问题。

- **吃好喝好也玩好（但不要太过分）**：不管什么社交聚会，总有那么几个人觉得必须向所有人展示一下他们多能喝酒，说话有多大声。我在白浪酒店工作时曾亲眼看见过这样的场面。我和同事们经常参加在免费酒吧举办的奢华派对。一天晚上，我们销售和市场部举行庆祝晚宴，提供鸡尾酒和几瓶葡萄酒。吃完饭，我们下楼打台球，组里还有一些人想抽雪茄、喝苏格兰白兰地。喝了那么多酒的结果就是，几个级别较高、放荡不羁的同事变得行为出格，开始挑逗小组里的女性，尤其是那些二十多岁的女性。

不用说，这些人第二天的工作肯定是拖拖拉拉，他们的越轨行为也成了坊间的谈资，宿醉之后还要忍受这种被人指指点点的尴尬。显然，活动中喝上一杯葡萄酒或鸡尾酒都很正常，但饮酒要适量。我见过太多前途无量的高管因为缺乏自制力而过早葬送了自己的事业（和友谊）。最好的经验法则就是保持头脑清醒。不要拿你的名声冒险，因为你的行为总会受到他人的评价。喝得过多就会引起令人懊悔的（有时甚至是毁灭性的）情况。

- **不要害怕说“不，谢谢”**：如果你不喝酒，遇到有人请你喝酒的时候，你有权自信且诚恳地拒绝。没有必要找借口或做解释，也没有必要告诉主人你正在服药、正在节食或正在康复。点一杯加了酸橙的苏打水或用香槟杯装的姜汁汽水，这样就可以融入其中，不需要进一步跟别人解释。
- **穿职业装，不要穿轻佻的服装**：得体的着装和态度对你的职业发展至关重要。如果你对穿什么样的着装不确定，可以问问主人或邀请你的人。
- **感谢主人**：到了离开的时候，要当面向主人表示感谢，然后第二天再跟进一封感谢信或打个电话表达谢意。

如何驾驭商务会餐

对我们中的许多人来说，招待客户和顾客也是工作的一部分，无论是高层的午餐会还是正式晚宴，无论你是主持人还是受邀参加商务宴会，都要记住以下十条忠告：

1. **在选择餐厅之前**，了解客人对食物和地点的偏好。选择一个安静的餐厅，这样你们才可以好好交谈，不用费力去听对方说了什么。

2. 如果你是发出邀请的人，**那么要由你买单**。本书的一个经典礼仪技巧就是你要在账单送到餐桌之前，先把它处理好。你应该提前去餐厅，向经理或领班做个自我介绍，然后请他们不要把账单送到桌子上。当商务会餐接近尾声时，你可以找个借口离开，就说要去洗手间，然后把账结了。如果你或公司与某家餐厅有工作关系，甚至可以在那建一个公司账户或提前给餐厅打电话，在电话中把信用卡卡号告诉经理。

3. **去餐厅之前先吃点东西。**记住：商务会餐关注更多的是建立关系，而不是吃饭本身。

4. **先从闲聊开始，**不要马上进入商业话题。随着用餐的推进，逐渐转换到这次会面的目的。在甜点上来之前，再慢慢进入随意的交谈，这样你们就能在轻松积极的气氛中结束会面。

5. **避开看起来脏兮兮的食物以及吃起来很麻烦的食物，**比如加了红色酱汁的意大利面、烤排骨、超大的三明治或带壳的龙虾。

6. **别把手机放在桌子上，**然后每次它一响或者振动，你都要低头看。把手机静音，放在看不见的地方，等离开餐厅再看。其他个人物品也不要放在桌子上，比如手提包、车钥匙或眼镜。

7. **如果你暂时离开餐桌，**把餐巾放在椅子上，而不是放在桌子上，让所有的客人都能看到。吃完饭后，可以把餐巾整齐地放在餐盘的左边。

8. **掌握好用餐的速度**，这样你就不会比同伴先吃完。如果你是第一个吃完的人，在其他同伴吃完之前，不要让服务员拿走你的餐盘。

9. 除非你的同伴也点了咖啡或甜点，**否则你不要先点**。

10. **仅给男士的忠告**：晚餐时要穿着外套。这条规则的唯一例外是主人先把外套脱了。要为女同伴拉椅子。参加社交活动时正确的做法是先帮右边的女士拉椅子，然后再帮左边的女士。如果某位女士离开餐桌或回到餐桌时，你也起身示意，这是很好的表现。我敢保证，这些简单的礼节会将你与房间里的其他男士区分开来，他们可能不知道或不关心这些小细节。严格意义上的商务会面氛围会比较中性，在餐厅里帮女士拉椅子虽然很好，但并不必须。在许多高级餐厅，这件事可以由服务员来做。

做一个优秀的客人意味着你要表现出自己最好的一面而且要保持下去，你的一言一行都可能提升或抹黑你的职业形象以及你苦心经营的人际关系。玩得开心，做你自己，但也要记住，太“开心”可能带来的麻烦甚至超乎你的想象。你要有所克制，这很重要，这对你努力建起的职业声誉有积极的影响，也是一个最简单的方法，能让你的职业道路基础稳固。

第三篇

如何培养职业精神

第十二章
关于社交媒体的几个要点

你的行动足以为你代言，所以我不用听你说了些什么。

——爱默生，美国散文家、演说家和诗人

我们都清楚，你留给他人的第一印象可能就是以后你留给他人的持久印象了。认识到这一点，我们就该知道如何在现实生活中展示自己，也该知道如何在线上展示自己。现在的网络比以往任何时候都重要，数百万人做生意的时候都要通过网络搜索某个公司或某个人。不管你知不知道，别人对我们的评价往往基于我们的网站或社交媒体设计以及我们在社交网站上发布的内容。下面我们来了解一些最流行的工具，你可以利用它们在互联网上推销自己。

你的网站或博客（微博）

博客（微博）和网站如果设计精良，对你开拓业务是非常有益的。我的网站就是我的头号营销工具。如果你在谷歌搜索“礼仪专家”，我的网站会出现在排名的顶端，这也是大部分潜在客户找到我的方式。

网站确实是推销自己很好的方法，但是许多商家和企业家也正在转向博客（微博）或在网站基础上增加了博客（微博），以此作为一种自我推销的手段。有些人写博客（微博）是为了分享他们的想法和观点，而另一些人写博客（微博）是为了发布信息、教育教导或兴趣娱乐。博客（微博）也是反映我们专业知识和兴趣所在的好方法。

不管你打算建网站还是博客（微博），一定要确保你得到了最佳效果。别人会在十秒钟或更短的时间内根据以下五个关键因素来评价你的博客（微博）或网站：

- **性能**：页面加载速度快吗？如果你网站的加载时间超过十秒，人们可能会感到沮丧并完全放弃这个页面。
- **可信度**：你提供的信息可靠吗？大多数人都想从专家那里获得信息。你可以发布视频博客（微博）或网络视频日志，以及感兴趣的文章来达到教育和娱乐的目的。
- **可用性**：要确保你发布的内容是有条理的，而且网站和博客（微博）要易于访问。如果人们不能轻松地从一个条目过渡到另一个条目，他们就会放弃阅读你发布的内容。时间宝贵，如果访客在需要的时候不能找到他们需要的东西，就会转移到你竞争对手的网站上。
- **相关性**：你的网站上是否有潜在客户正在寻找的东西？你要注意哪些页面的流量最多，哪些帖子的评论最多，并提供更多类似的内容。例如，我注意到，每当我发布一个我最喜欢的食谱或赠送某个产品时，我就会收到更多的评论。你不需要日更，但也要保证你的网站或博客（微博）能持续更新并提供有用信息，这样访问者才有理由不断回访。

你的电子邮箱地址：很多人都没意识到电子邮箱地址是个人线上品牌的一个重要组成部分。如果你在找工作或在网上与客户和顾客沟通，那就要确保电子邮件的方方面面都代表着你的职业形象。像 masterblaster@gmail.com 这样的邮箱名和 Janice.Jones@gmail.com 比较起来，就显得不那么职业。如果你有网站，可以考虑在邮箱名后面加上网址，例如：Ted@TedSmithAutomotive.com。

你在使用正确的社交网络礼仪吗

这里列出了一些关于社交网络礼仪的建议，旨在帮你成为专业的网络用户。

招聘应用程序

- **展示你的职业精神：**把个人资料当作营销平台，它应当反映出你的工作经验、业绩成就和奖励表彰等内容。招聘网站与其他社交网站不同，它更为正式，不该是一个随意更新状态、吐槽前任雇主或谈论个人生活细节的地方。你的个人资料应当保持公开状态，这样招聘者就可以和你联系了。既然图片胜过千言万语，那就发布一张你最新的职业照吧。

- **只和认识的人联系**：你的联系人应当能够证明你的工作质量和业务表现，反之亦然。
- **申请成为好友时应当准备个性化的内容**：与其使用模板式的问候语，不如提醒一下这位将来的联系人你们是如何相识的。如果你想让一个好友与另一个好友建立联系，那就要解释清楚他们是怎样与你联系的，他们有哪些共同之处以及他们将如何从相互了解中受益。
- **记住，推荐信应该反映一个人的职业道德、态度和成功的可能性**：你的强烈推荐会提高一个人的可信度。付出才有回报，如果你愿意花时间和精力去支持别人，就也增加了别人为你写推荐信的机会。
- **让别人了解你最新的工作情况**：经常更新你的状态，让人们知道你目前的研究、项目、出版物或获奖情况。这么做可以让联系人了解你的进步和取得的成绩。

微信

- **如果有人忽略了你的好友请求，不要生气**：很多人将微信的用途限制为私人联络。还有一些人使用微信可能只是为了特定的目的，比如与远方的亲戚朋友保持联系。
- **自定义你的隐私设置**：作为微信用户，你可以设定隐私设置，允许所有人或只有好友列表中的某些人访问你发布的内容。举例来说，如果你不想让老板看到你在工作环境之外的照片，或者你不想让某人看到你在和谁交往，就可以屏蔽他们。

- **三思而后行：**别人可以保存或转发你在微信上发布的内容。你可能也读过这方面的文章或看过类似的电视节目，说一些人因为在网上发布的信息而丢掉了工作，这种冒险行为确实不值得。
- **万不得已才删除好友：**如果别人发现你把他们从好友列表中删除了，他们会感到被冒犯或受到伤害。彻底删除好友之前，可以先试着提高你的隐私设置，尤其是有时候你们有共同的朋友，或者有可能在公共场合偶遇对方。
- **记住，你在社交平台中发布的信息会成为人们对你进行评价和判断的依据：**虽然每个人都明白你有自己的生活（也有幽默感），但如果缺乏语境，那些你觉得幽默的东西可能就不那么好了。
- **开会时不要玩微博：**对人要有礼貌，要全身心地关注别人。如果你想用微博，等别人不在的时候再用。
- **情绪激动的时候不要发消息：**当你心烦意乱、怒火中烧或懊恼沮丧的时候，先冷静下来，三思而后发。如果在情绪激动的时候发消息，你将一无所获，反而还会失去很多。

- **喝酒时不要发消息：**微醺或醉酒的时候发消息，可能会损害你的个人形象或与他人的关系。
- **机密信息不可公开：**这点不用多说了吧！
- **发消息前要三思：**微博是一种人人可见的大众媒体。发布错误的内容可能让你丢掉工作、成为法庭上对你不利的证据、减少你就业的机会，以及产生其他负面影响。
- **记住，现实生活中粗鲁的行为在微博上也是粗鲁的：**任何刻薄或带有批评意味的评论都会更加暴露发布人的问题，而不是指向对方。最好私下里向值得信任的朋友发泄你的不满，而不是把微博当作一个发泄出口。

第十三章
好人缘

人生中有三件重要的事：第一是善良，第二是善良，第三还是善良。

——亨利·詹姆斯（Henry James），作家和文学评论家

我的母亲是一名美发师，她的客户非常多，部分原因是她非常有才能，但真正让母亲脱颖而出的是她的天赋，她能让顾客在洗剪吹、染烫卷、做发型的同时，感到自己被重视和欣赏。母亲最了不起的是她无可挑剔的人际交往能力。

母亲于 2009 年 2 月去世，我每天都深深地想念她。即使不在我身边，她仍然在方方面面给我以激励和影响。我会永远感激她教给我的那些美好品质——尤其是优雅和善良，包括如何周全地将它们融入日常生活。她让我知道与人为善是多么重要，不管对方是谁，也不管他们有没有钱。我相信人的本质是善良的。

无论是理发师、医生、电工还是公司职员，一个人如果拥有了高超的人际交往能力，就总是能在他们的领域里脱颖而出。或许你曾想到过，人际交往技能往往比专业技能更难学，但这很值得你付出努力。如果你具备了我所说的好人缘，而且受人尊敬，你身边一定会有众多的支持者，而且你还会毫不费力地留住他们。如果对方讨人喜欢也会吸引我们与他们开展业务并保持忠诚。

人际交往技能也是专业技能

如果现在让你选择一个共事的对象，是粗鲁的珍妮特还是友好的弗雷德，我们几乎都会选择人缘好的而不仅是能力强的。这是为什么呢？当人们喜欢彼此的时候，就会建立联系，联系在一起的人合作项目时，好事就会发生，任务很快就会完成，每个人都很乐意投入。大多数情况下，当我们有机会选择工作伙伴的时候，我们会依据两个标准：一个是能力（弗雷德知道他在做什么吗？），另一个是人缘（弗雷德是否令人愉快、容易共事？）。显然，两个标准都很重要，但第二条标准到底有多重要并不总是那么明显。

当我们需要他人帮助才能完成一项工作的时候，我们很可能会选择一个志趣相投的同事，而不是更有能力但不那么热情的同事。《哈佛商业评论》（*Harvard Business Review*）（2005年6月1日）上刊载过一篇文章，题为《有能力的混蛋，可爱的傻瓜，以及社交网络的形成》（*Competent Jerks, Lovable Fools, and the Formation of Social Networks*）。文章作者蒂齐亚纳·卡西亚罗（Tiziana Casciaro）和米格尔·索萨·洛博（Miguel Sousa Lobo）表示，如果一个人非常不受欢迎，那么他的能力几乎是无关紧要的，因为人们根本就不想和那个人一起工作。

相比之下，如果一个人很受欢迎，同事们会认为他可能有更高的能力。基于这一发现，我们可能会得出这样的结论：在旁观者看来，好人缘比有能力更重要。

如果你想让自己的人缘更好，这里有三个为人处事的基本特征，可以让你在工作和生活中更有信誉、更招人喜欢。

同理心：同理心是一种通过他人的眼睛理解和看待他人处境的能力，是维持牢固持久关系的核心成分。同理心是一种宝贵而罕见的能力，它需要自我意识、经验和实践，让我们有了洞察他人想法和感受的宝贵能力。随着年龄的增长，也经历了人生的起起落落，我对他人有了更多的同理心。比如，对于那些失去工作、开始创业、罹患癌症、失去爱人、遇到经济困难或写书的人，我能感同身受。

当你和另一个人有相似的经历时，你会在个人层面上理解他。一条纽带将你们两个连接起来，从而产生一种共同的信任。在你的个人和职业追求中，同理心是一个润滑剂，它可以保持人际关系平稳运行并产生可衡量的积极结果。《哈佛商业评论》（2004 年 1 月 1 日）有一篇名为《是什么造就了领导者？》（*What Makes a Leader*）的文章广受欢迎。文中，心理学家兼作家丹尼尔·戈尔曼（Daniel Goleman）写道："有同理心的领导者不仅能与身边的人产生共鸣，他们还利用自己的知识以微妙但重要的方式改善公司。"这并不意味着有同理心的领导者必须同意每个人的观点或试图取悦每个人。相反，他们“在做出明智决策的过程中，会仔细考虑员工的感受以及其他因素”。显然，同理心是一种非常值得培养的能力。

可信度：每天，成千上万的企业都在失去客户，因为员工在可信度、责任心或可靠性等方面没有达到客户的合理预期。当要在规定时间内完成一项服务、援助或任务的时候，我们更倾向于求助那些确实会兑现承诺的人。如果你的空调在一个闷热的夏天坏了，你一定不想等上几天甚至几周才有人来修理它。或者更糟的是，如果你家的马桶在半夜的时候坏了，已经开始溢水，你肯定一分钟都不想多等，必须要修理，还要修好，而且要马上修好。

可信度意味着值得依靠，不管是公司、朋友还是家人，当我们知道在重要的时刻能够得到支持时，就会有一种安全感。如果我有包裹需要连夜送达，我一定会用联邦快递。为什么呢？因为我和联邦快递业务往来多年，我知道他们一会把包裹送达，而且保证准时。联邦快递的收费可能比其他货运公司要高一些，但这对我来说物有所值，我可以放心。许多公司通过为客户提供确定性（安心）来建立声誉。对于成功的餐饮企业来说，更是如此。去过星巴克，你就会知道在迈阿密喝的咖啡和在米兰喝的咖啡味道一样。有了可信度才能建立信任，有了信任才能铸就忠诚，而忠诚意味着持久的关系。生活中和工作中一样，最可信的人往往会成为你的朋友。

正直：投资人和慈善家巴菲特曾经说过："招聘员工时，你要看他的三种品质：正直、智慧和精力。如果他们没有第一种品质，另外两种简直能杀了你。"我一直相信，你可以买到智慧和精力，但你买不到正直。正直是一个人可以拥有的最宝贵的品质之一，也是必须每天练习的品质。正直就是做正确的事情（不一定是受欢迎的事情），心口如一，言行一致。许多人选择闭口不言、随波逐流，而不是坚持他们相信或知道的正确的事情。有人说，正直就是在没有人注意的情况下做正确的事情，但在我们的文化中，太多人的态度是"人人都在做，为什么我不能做呢？"好像这么做就无可非议。

在政界、体育界、企业界和娱乐界，随处可见不正直的现象。如今，你很难发现哪个电影或电视节目不以某种方式粉饰欺骗或美化不忠，他们认为争议或背叛能让票房大卖或提高收视率。我同意哈尔·厄本（Hal Urban）在他的《人生最宝贵的经验》（*Life's Greatest Lessons*）一书中所写的话："如果你真想在生活中取得成功，诚实不仅是最好的原则，也是唯一的原则。"当然，这也体现在职业精神上。

不管我们是与家人、朋友、同事、客户还是顾客打交道，如果任何一方缺少了正直和诚实，那么所有关系都无法维持。简单来说，正直意味着把我们的判断和行为始终如一地体现在生活的各个领域。这么做有时候可能会很难，但从长远来看，这肯定是值得的。培养正直精神最好的一点就是，你投入的时间、精力和自我提升将在未来的某个时候为你带来巨大的回报。

职场上的成功并不完全取决于你的技术技能，也取决于别人如何看待你以及你们如何相处。可信度是好人缘的基石。当你拥有了可信度和好人缘这两种可贵的特质，就有了双倍的机会让别人愿意和你开展业务。对职场人士来说，还有什么比这更重要呢？

第十四章

不跟进则后退

我发现，人们会忘记你说过的话，做过的事，

但永远不会忘记你带给他们的感受。

——玛雅·安吉洛（Maya Angelou），作家和诗人

玫琳凯化妆品公司创始人、著名的玫琳凯·阿什（Mary Kay Ash）曾经说过："那些天赋异禀的人不一定出人头地，那些坚持不懈的人才会脱颖而出。"世界上的成功人士都知道，为了达到目的，你必须随时跟进计划和承诺，一步一个脚印。因为如果不能努力跟进，那么你每天都会错失无数的交易和工作机会，这很可悲，但却是事实。

如果你收到一个人的名片，不要把它往文件夹或抽屉里随便一放，你要小心周到地使用它。想办法经常和认识的人，尤其是那些你更想了解的人分享信息。与他人保持联系的时候要了解对方的偏好，然后相应地调整自己的沟通方式，有些人喜欢电子邮件，有些人喜欢打电话，还有些人可能更喜欢短信交流，这取决于他们的年龄和职业。

要想更加快速有效地培养业务关系，关键是要给那些联系人提供服务。简而言之，就是要多"给予"而不是"获得"。阅读当地的商业期刊、行业出版物、消费者杂志或全国性报纸，关注那些朋友、同事或客户可能感兴趣的文章。很快，你就会被称为“知识经纪人”（维基百科将其描述为向社交网络中的某个组织“提供链接、知识来源，有时甚至知识本身的一个中间人”）。如果你听说了某个机会可能让别人受益，请分享给他。当人们知道你乐意为他们着想并且把他们的利益放在心上时，他们会深感荣幸。

我得到过一些非常好的商业机会，都是我保持跟进的结果。有一次我的朋友、前老板戴尔·卡尔森（Dale Carlson）邀请我作为她的客人参加了银行主办的商务午餐，而且她很快就把我介绍给了银行的公关经理苏茜（Susie）。我告诉苏茜我是当地的一名礼仪顾问，她说起几年前她的公司也聘请过一名礼仪顾问就某个主题进行培训。交谈了几分钟后，苏茜给了我她的名片，建议我跟她保持联系。

我一回到办公室，就写了封短信，告诉她我非常高兴能认识她，并对她举办的午餐表示感谢，还附上了一本我亲笔签名的《优雅的力量（职场版）》。

几个月后，我突然接到一个电话，是苏茜的老板打来的，他邀请我面谈，讨论一些可能的培训机会。我整理了一份提案供他审阅，最终他聘请我去培训他公司在佛罗里达分公司的所有理财经理。

职场上的成功很少是偶然发生的，它一定是必然的。在这种情况下，我本能的跟进行为让我获得了丰厚的回报。

五种方法让你更容易被记住

既然你已经知道跟进工作对职业成功至关重要，下面这些方法肯定能让你从竞争对手中脱颖而出，也让别人更容易记住你。

1. 记住，见面后二十四小时内联系对方，是最有效的（也是最令人印象深刻的）跟进：如果你在商务午宴上遇到某个人，要在当天晚些时候给他发一封电子邮件。如果和客户或同事共进晚餐，记得要在第二天早上给他发一封感谢信或电子邮件。不相见则相忘，所以如果你不能与潜在客户或现实客户保持联系，或者不能为他们提供有用的信息，你可能很快就会成为他们脑海中的一个遥远的记忆。定期与潜在客户和现实客户保持联系，这样他们才更有可能把你推荐给朋友、家人或同事，而不至于把你的竞争对手推荐给他们。

2. 问一下新相识的人，可否通过社交网站联系他们：你甚至可以用一个联系人管理程序，输入他们的姓名、电子邮件地址以及其他相关信息，然后设置每月、每季度或半年联系一次的提醒。

3. 把相关的文章剪下来或将感兴趣的链接发给关系网里的人：这里有一个关键词"相关的"。在恰当的时间传达恰当的信息，别人才会知道你一直想着他们，而且把他们的兴趣放在心上。

4. 遵守诺言：这是一种职业精神。破坏信誉、玷污声誉，失去他人信任的最快方式就是无视他人的电话和邮件。如果告诉别人你要做某事，就一定要做到，不要让他人感到无所适从。如果你的跟进行为太过拖沓，机会可能就会消失。我们生活在一个紧张、快节奏、“恨不得昨天就做好”的社会，你对细节和时机的关注会让你与他人相处得更好。你需要通过兑现承诺来建立职业信誉。

5. 表示感谢：对于那些乐于与你分享精力、时间和资源的人，你要养成习惯，手写一封短信表达感激之情。我们都喜欢读到或听到那两个神奇的字“谢谢”。虽然电子邮件是一种完全可以接受的跟进方式，但没有什么比一封措辞热情的短信更能给人留下好印象（或更能有效地抓住某人的注意力）。一封及时、友好的感谢信是一个机会，你可以再次表明心意，想要第二次见面或者提供帮助。如果你觉得自己笔迹很乱、难以辨认，那就把信打印出来，但一定要记得加上手写的附言和签名，使之个性化。

当你养成了跟进的习惯，它就会自动成为你日常生活的一部分。其结果是，你的人际关系很快就会变得更牢固，持续时间更长，你的投资回报率将缓慢而稳定地增长。

第十五章

职场人士必知的七条不成文规则

所有的音乐中都贯穿着一条基本规则，那是一种不成文的规则。虽然我不知道是什么，但我却遵照执行。

——荣·伍德（Ron Wood），滚石乐队（The Rolling Stones）吉他手

电影《红粉联盟》(*A League of Their Own*)中，汤姆·汉克斯(Tom Hanks)饰演的角色责骂他的右外野手[1]伊芙琳·加德纳(Evelyn Gardner)，因为她哭了。她因此学会一条从来没人告诉过她的规则：棒球场上不许哭。

在商场上，有些规则是有正式记录的，很容易辨识；但也有些规则，就好像棒球场上的“不许哭”规则一样，在所有的联合会或员工手册中都找不到。也许在公司里从事第一份工作的时候，你曾问过自己：“一个人如何能了解那些不成文的规则，才不至于不违反其中一条或多条？”嗯，这个问题问得好。

每个工作场所都有各种各样的不成文规则。它们决定了我们应该如何对待彼此、如何一起工作或一起玩耍(或者相反)。许多规则都是通过反复试验或试错，或者向了解游戏本质的人

[1] 右外野手：棒球比赛中负责防守右外野的选手。——译者注

请教而获得的。但只要观察别人做什么或不做什么，注意哪些行为是被鼓励的，哪些是被反对的，你总能学到很多东西。

对于我们中的一些人来说，发现不成文的规则可能需要一段时间，但是西·布莱克（Cathie Black）却从一开始就学到了一条规则。在《布莱克成功法则》（*Basic Black*）一书中，她描述了她在《今日美国报》（*USA Today*）工作不久发生的一件事，她的老板阿尔·纽哈思（Al Neuharth）让她参加上午九点在甘乃特集团[1]位于麦迪逊大道的办公室举行的一个会议。在书中她解释道：

“我本打算提前几分钟到那，但早上八点四十五分，我的电话响了，是纽哈思的行政助理兰迪·乔尼（Randy Chorney）打来的。”

“凯西，”她说，“你在哪儿？管理会议马上就要开始了。”

“我知道，”我告诉她。“九点，对吧？我马上就上楼。”我挂了电话，带着一些困惑，匆匆跑到三十二楼的会议室，这是一个豪华、时尚的房间，灰色的墙壁、黑色的真皮座椅，还有一张U形桌子。我八点五十一分进入会议室的时候，每个人都已经在指定的位置上坐好了，他们看起来好像已经就座几个小时了。坐下之后，我不禁打了个寒战——那个房间

[1] 甘乃特集团：美国第一大报业集团，《今日美国报》是其旗舰报。——译者注

的温度肯定都不到十五摄氏度。

凯西这样介绍纽哈思先生的不成文规定："他喜欢提前开会，喜欢会议室里凉飕飕，而且，"凯西写道，"他还喜欢让人们有点失衡的感觉。"

学习那些不成文的规则时，你会发现这里伴随着众多的隐性行为要求（生存技能），它们与工作的技术没有什么关系。只有付出了时间和精力，才能获得工作的智慧，而这些技能往往被认为是"成功人士都知道的"。

很多人都是在打破规则后才学会规则，但如果你研究一下你所在的工作场所和工作人员，你就会发现其中的许多规则。你要知道哪些行为会招来责备或奖励，这不仅对你有利，也会帮助你远离麻烦。

知道了这些，你就有了优势，如果违反了某个不成文的规定，也不至于措手不及。了解其中文化的人知道该和谁交往。他们通常会拿到好项目，得到晋升，因为他们知道如何让自己成为不可或缺的那个人。在你的职业生涯中，这是一个很好的目标。

破解一个人或一个公司的不成文规则可能需要时间，但是正如你留意周围环境，专注于打球，也会击出全垒打[1]一

[1] 全垒打：棒球术语，在棒球比赛中，如果击出全垒打，分数会立刻提高。——译者注

样，只要努力，胜利终将属于你。以下是我从一些世界上最有才华、最专业的高管那里学到的七条通用的不成文规则。

规则一：注意细节

几年前，我应邀与一家大型医疗保健公司的首席执行官会面，讨论我的商务礼仪课程。当这名首席执行官说话的时候，我从公文包里拿出一支笔，开始记录。几分钟后，他问："你从哪儿弄来的那支笔？"我疑惑地看了看我的笔，然后意识到上面印着他竞争对手的标志！我相信他一定注意到了我那"呆若木鸡"的表情。他没有让我更下不来台，而是轻声笑了笑，若无其事地递给我一支他公司的笔。

这件尴尬的事让我知道，小细节（比如拿对笔）也非常重要。幸运的是，这位首席执行官认为我的专业能力比我的书写工具更重要，他聘请我为员工教授礼仪课程。如果你注意到微小的细节，像我这样的错误是可以避免的。如果不注意，你的潜在客户、顾客或同事可能会觉得你忽略了些什么。

规则二：拒绝想当然

会见潜在客户或顾客的时候要照顾到房间里的每个人，无论性别、头衔或级别。过去，人们一度认为家庭中需要购买什么由男性决定，然而，时代已经变了。如今，女性消费占所有消费支出的 85% 以上，包括从汽车到医疗保健的各个领域。

几年前，我想在市场上租一辆新车，于是邀请了我丈夫布莱恩和我一起去，想寻求一些精神支持。我已经做过调查，也计算了数字，准备好就我想要的车进行谈判了。当我和布莱恩坐在销售经理办公室讨论租金和租赁条款时，销售人员主要回答我丈夫的问题，很少注意到我。我最终租了这辆车，因为其价格确实很划算，但也从来没有向朋友推荐过那家经销商。如果类似的情况发生在今天，我会去别的地方租车。

时代变了。那些可能忽视了女性买家的公司现在都在争取这些关键的消费者。就连专门向男性推销电动工具和石膏板的家装用品店，也通过提供房屋维修课程来积极吸引女性消费者。决策者的决策形式和风格千差万别，其实这意味着如果你把每个人都当作决策者来对待，赢得生意的机会就会增加。

规则三：会前先开个会

孩子们本能地知道如何在会前开个会。他们知道，让父母中的一方赞成或同意一个想法，就会增加另一方效仿的可能性。随着我们长大成人，似乎忘记了这种巧妙又有效的技巧。

为了确保别人能接受你的想法、产品或服务，应该在会议之前先安排一个会议。与小组其他成员的预定会议之前，先和执行委员会或计划小组开个会或进行电话商谈，这就给了你获得管理层“支持”的机会。通过这种方式，他们能确切地知道你要做什么，也就能够正确地向其他团队成员推销和推广你这个人、你的想法、你的产品或服务了。这么做可以保证有一个更成功的结果，人们也会欣赏你的专业水平。

规则四：表示尊重

尊重他人的隐私和存在感应该是工作场所的一个惯例，但许多人却违反了这条规则。很多员工会闯进别人的办公室或隔间，打断别人的谈话或电话，表现得好像他们有权立即得到别人全部的关注。最好不要以为每个同事都大门常开。礼貌的进门方式是先敲门或眼神交流，然后等待对方邀请你进去。

如果你在他办公室遇到了客户或权威人士，在对方没指定座位前，你要先站着，或者问一下：“您想让我坐哪儿？”如果答案是“随便坐”，不成文的规矩就是选椅子而不是沙发。舒服地坐在椅子上，而不是陷在松软的沙发里，有助于更好地保持姿势。

把公文包或文件夹放在你旁边的地板上，而不是放在椅子上。你可能不觉得公文包的底有多脏，但别人也许会嫌弃。双脚不要离地。如果你是男性，不要把一只脚的脚踝搭到另一条腿的膝盖上，那样可能会让你显得过于随意。在某些文化中，露出鞋底被认为是一种侮辱。

关掉电子设备，这样你才能集中精神讨论正事。如果你确实因为一些情有可原的情况必须随时与办公室或家人保持联系，在会议开始时就要解释清楚。如果你必须接一个紧急电话，找个借口离开，到房间外面接听。当你和别人见面时，给他们百分之百的时间和注意力，这应该是你自己的不成文规则。你的努力会得到他人赏识，因为现如今这些品质已经很少见了。

规则五：友善对待每个人

人们会根据我们如何对待那些权力和地位不如我们的人来评判我们。善待与你沟通的每一个人，你的善良将会给你以丰厚的回报。要尊重行政助理，他们也被称为“看门人”，他们掌握着王国的钥匙，老板很可能非常重视他们的意见。

如果你正等着见决策人，记住，你做的一切都是可见的（有时也可以听到）。你根本不知道谁在看着你。朵拉·维尔（Dora Vell）是马萨诸塞州波士顿市一家高级猎头公司——维尔高管猎头公司的执行合伙人，她曾为一家公司工作，在那里如果应聘者上完厕所后没有洗手，接待员就会提醒合伙人。她有什么秘诀能发现应聘者是否洗手了吗？其实就是因为她坐的位置能听到水龙头中流出水的声音！

表现出耐心和愉快的样子，尤其是等待的时候。如果有人给你提供饮料，要亲切地接受。如果助理看起来不是特别忙，就利用多出来的这点时间跟他聊聊天，互相认识一下。你可以评价一下房间里的照片或者看看有什么获奖证书或奖杯。如果可能的话，记住助理的名字，聊天的时候就这么称呼对方。保持谈话友好而简短。下次打电话的时候，如果你能提起你们第一次见面时讨论过的话题，对方很有可能会记起你。

避免使用过于熟悉或可能冒犯人的词汇，比如“亲”“亲爱的”“宝贝儿”“伙计”“小伙儿”“兄弟”等。简而言之，稳重的专业人士会尊重每个人，不管对方是日常服务岗位的人还是重要人物。

规则六：守时

如果你要和某人见面，准时出现是一个积极的信号，这是向对方表明“你对我很重要”。总要给自己留些提前量，以防迷路或遇到交通堵塞，处理停车纠纷，或者在长长的安检队伍或缓慢的电梯中等待。提前至少十五分钟到达约会地点，这样你就可以去个卫生间，梳洗一下，或者做些必要的事情来展现最镇定的自己。如果见面时间只有半个小时，而你却迟到了三分钟，你赢得别人支持的时间就会减少 10%，如果你迟到了十分钟，你的损失将多达 33%。守时必有回报。

但是，也不要到得太早。你一定不想给客户或面试官一个措手不及吧。如果等待的时间太久，焦虑可能会增加。找一家咖啡店喝杯咖啡（喝无咖啡因咖啡）或散个步。这些小而重要的方法会让你比竞争对手更镇定自若。

规则七：处理问题，不要掩盖问题

了解自己的长处，承认自己的弱点，最重要的是为自己的行为负责。如果你犯了错误，要及时承认，并在引起别人注意或者警觉之前改正。换句话说，就是要自己先收拾干净。

虽然我们都以为自己可以隐藏错误，但其实我们真的做不到。可这不是重点。不诚实让我们无法成为真正的自己或更好的自己。我亲眼看见过欺骗如何给一些朋友和家人带来灾难。它就像癌症一样，一开始很小，如果不彻底根除，就会扩散到无法控制的程度。不诚实的代价很高，它会破坏人际关系，造成不必要的压力，而且会让你的职业生涯脱轨，速度甚至比“火车失事”还要快。

狡辩同样具有破坏性，它一定会让你立即失去他人的信任。诚实地承认错误，不仅会为你赢得别人的尊重，还会让别人认为你是一个正直的人。你要知道，承认并改正错误的方式和一份完美的工作记录一样重要（如果不是更重要的话）。

第十六章

倾听：嘈杂世界中缺失的一环

交谈的反义词不是倾听，交谈的反义词是等待。

——弗兰·勒博维茨（Fran Lebowitz），作家

我的好朋友鲍勃·丹泽（Bob Danzig）是一位励志演说家、畅销书作家，也是赫斯特报业集团的前首席执行官，他是我认识的最佳倾听者。我们偶尔聚在一起，到海滩上散步。每次我们在一起的时候，他都让我觉得自己是这世界上唯一的。如今，能在朋友身上找到这样的品质是多么难得啊。丹泽会问起我的商业目标和即将进行的项目，当我征求他的看法时，他也会给出睿智的建议。我惊叹于他温和的智慧，也发现自己对他说的每一个字都很关注。

散步后，我们通常会去一家本地餐馆吃早餐。我喜欢看丹泽以积极的性格影响着他遇到的每个人。他总是高兴地问候服务员或收银员（或其他人）。他能叫出他们的名字，并且夸奖他们做得很好。

如果有人明确地向你表达亲切的关注，你是否发现自己的内心都在欢笑？我想你一定会。但是，为什么我们大多数人（包括我自己）都不能经常地发挥这种宝贵的天赋来处理人际关系呢？遇到确实重要的事情，我们当然会很好地倾听，但是当我们感到疲惫、心事缠身或没什么兴趣的时候，社交礼仪就会被抛之脑后。丹泽的突出之处就在于他对别人的热情关注和兴趣始终如一，他就是这样的人。

许多人认为倾听是一种被动的活动，但事实远非如此。好的倾听者是高度参与的，他们的每一部分都专注其中，尤其是思想。

脱口秀主持人拉里·金（Larry King）曾经说过："我每天早上都这样提醒自己：今天我说的话不能教会我任何东西。所以如果我想学到些什么，就必须通过倾听来实现。"沟通专家认为良好的倾听能力比良好的说话能力更了不起。就我个人而言，我觉得认真倾听比说话需要付出更多的精力。

假如你要和一个很特别的人开始第一次约会或者要接受未来雇主的面试，你非常想给这个人留下深刻印象，那你一定会尽己所能表现出你对他的兴趣和关心。你会提恰当的问题，并关注答案，就好像这是决定你人生的大事一样。和VIP通电话，可能会给你带来一笔大生意（或一大笔佣金），这时你会尽一切可能认真倾听他所说的话，给他留下好印象。

我喜欢向参加研讨班的人提问："什么样的卓越品质能成就一个好老板或好领导？"毫无疑问，"优秀的倾听者"一定排在重要位置。那些能让我们觉得自己很特别的人一定会吸引我们，而被倾听就是这种每次都能让我们感到自己很特别的行为。

用倾听去领导

我认识的最伟大的管理者都是优秀的倾听者。他们与（各个级别的）员工联系，征求意见。他们积极地寻求输入，并认真考虑收到的意见、建议和担心。他们总是在别人征求意见时才提供建议，换句话说，他们听的比说的多。他们讲话的时候，往往有力而深刻。

我的一位导师曾对我说过："不要给别人建议或批评，除非有人付钱请你这么做。"通常，人们敞开心扉时，并不是真的在寻求意见或建议，他们只是想要或需要被倾听。曾经有人告诉我，杰出领导者与普通领导者的区别在于，杰出领导者一直在练习倾听技巧，最终每个人都会注意到他的努力。如果你希望别人认为你是一个有效的领导者，就要提高自己的倾听技巧。

我们可能认为自己知道如何倾听，但很少有人能达到精通的程度。当你想和同事或老板谈谈，而他们却更加关注自己的文书工作或计算机屏幕时，我想你一定知道那是什么样的感受。很有可能在你打电话的时候，电话那头的人在你们的讨论过程中一直在打字。为什么这些人不明白他们的行为是多么粗鲁和无礼？

说到倾听，我们总想向客户、顾客和同事致以最真诚的问候——那就是我们全心全意的关注。想做到这一点，要充分利用你的眼睛和耳朵，这样你就可以全神贯注于面前的人。如果有必要，关上办公室的门。如果是打电话，就要停下手头的文书工作、计算机操作或任何正在做的事情，同时保持手机静音。

- **全身心地倾听**：保持眼神交流，但不要盯着别人看。把注意力集中在说话人身上，身体微微前倾，表明你对他所说的内容持开放态度。时不时地点头、微笑，或者在需要进一步解释的时候，提出相关的问题。通过这种方式，你发出了一个无声的信息，表明你“就在这里”，完全参与到对话中。不要匆匆忙忙结束谈话，要全身心地投入，这样你才会被长久记住。
- **展现你最好的表情并保持微笑**：温暖、真诚的微笑是人体最美的曲线。你友好的表情是在告诉别人“我很平易近人，也对你说的很感兴趣。”这会立刻让别人感到放松。韦恩州立大学的研究人员发现：“笑的时候，嘴咧得越宽，眼睛周围的皱纹越深，可能活得越久，”报告继续写道，“那些笑得最开心的人平均寿命为 79.9 岁，比面无表情的人长了 7 岁。”闲聊时露出微笑，会让别人知道你喜欢和他交谈，也会延长你的寿命。
- **开放且放松**：当我们感到不舒服或受到威胁时，就会有“包裹起来”的趋势，我们会交叉双臂、双腿或脚踝。我们可能会在座位上动来动去，把手放进口袋里，甚至让自己远离他人。这些行为实际上“切断”了你和说话的人之间的联系。《纽约时报》（*New York Times*）畅销书作家珍妮·德里弗（Janine Driver）在《从读心到攻心》（*You Say More Than You Think*）一书中写道："肚脐的朝向反映了我们的态度，揭示了我们的情绪状态。当我们突然把肚脐转向一扇门、一个出口或远离某人时，我们潜意识里发出的信号是想退出对话，甚至可能退出互动。"德里弗称其为肚脐智能。

- **知道哪些姿势表示紧张：**紧张表现在很多方面。在某些情况下感到紧张是很自然的，但如果你想参加社交活动或结识他人，则应该尽量隐藏自己的紧张。紧张不安的常见举动包括：摆弄自己的头发、配饰或衣服，调整领带，每隔几分钟就清一次嗓子，不停地按圆珠笔，把脚扭来扭去，抠指甲根部的外皮以及当众咬指甲。我的建议是尽量保持身体不动，但不要显得僵硬。试着放松，做几次深呼吸。
- **学会记人名：**记住别人的名字不仅能让他们感觉良好，还能表达对他们的尊重。一些人比其他人更擅长记人名。研究表明，我们毫不费力就能记住那些对我们重要的人。如果你在别人做自我介绍的时候重复一下他们的名字，就能增加记住他们名字的机会。在你们的谈话中，要时不时地称呼对方的名字。如果你忘记了某人的名字，也不要担心。你反而可以这样说："我总是这样，请再告诉我一遍你的名字。”

- **提问题：**当我们对别人和他们的故事表现出专注和真诚的兴趣时，他们就会深感振奋。曾经有人告诉我，开始一段对话最有力的几个字就是“跟我说说”。“跟我说说，登山中最让你享受的是什么？”“跟我说说，你最喜欢的食物都有什么？”“跟我说说，哪次假期是你最喜欢、最难忘的？”如果你积极关注身边人的生活，人们也会记住并感激你为之付出的努力。

让倾听成为一种职业习惯

有这样一个规则，大多数人更愿意“做”而不喜欢“停”。这意味着我们更愿意说而不喜欢听，更愿意表达自己的观点而不喜欢听别人的观点。这种先天的偏见会妨碍我们成为一个好的倾听者。积极倾听、全身心地倾听，这会让你比预想的更容易被记住。当你有了智慧、慷慨和同情心，再加上尊重他人的想法，你就会愿意超越自己、不再担忧。

“沉浸式”倾听是一门艺术，它是你能给予他人的最好的礼物之一。如果你愿意把焦点放在别人身上，给他们以全身心的关注，可以将我的朋友丹泽当作一个很好的榜样，那么每当你走进一个房间，人们就会面露喜色。只要稍加努力，态度端正，你就做到。

第四篇

如何培养激情

第十七章

提升自我，绽放光芒

人们首先要知道你有多在乎，才会在乎你知道多少。

——约翰·C. 麦克斯韦尔（John C. Maxwell），
畅销书作家和领导力专家

不仅我的母亲对我的生活有影响，她的母亲梅特兰·约翰逊（Maitland Johnson）也对我的生活有影响。约翰逊外婆思维活跃、心直口快，认识她的人都很尊敬她。尽管外婆只读到七年级，但她却是一个拥有大智慧的人。她曾经告诫所有的孙辈：“要做到最好，做得比其他人都好。”我每天都努力按照这个理念生活和工作。

在任何竞争激烈的领域——如今每个领域都竞争激烈——获胜的唯一途径就是与众不同，比其他人做得更好。然而，尽管经常有人建议我们要在人群中脱颖而出，但其实大多数人似乎都是花了很大的力气去融入人群。

有一个人深深明白约翰逊外婆那句名言的价值，他认为人一定要在竞争中绽放光芒、力争上游，他就是迪诺·赖特（Dino Wright）。赖特是一位大师级的擦鞋匠，他干擦鞋这行已经有三十多年了，是华盛顿特区“闪又亮”公司的老板。赖特承诺提供全美国最好的擦鞋服务，他兑现了自己的承诺，因为他知道自己工作的意义远远超过擦鞋这件事。

“我的工作内容是形象提升，”赖特自豪地说，“如果我不注意形象，就很难让顾客相信我可以提升他们的形象。”他总是穿着熨烫整齐的西装和正装衬衫并打着真丝领带，在国会山的凯悦酒店为那些有钱的说客、议员和酒店客人提供服务。他可以在五分钟或更短的时间内把顾客的皮鞋擦得锃亮，收费是六到八美元。赖特经常标榜自己的服务既快捷又高效，同时，他也一直在努力读懂顾客的心思，这样就能知道他们想在椅子上坐多久：“有些人想利用这段时间放松一下，从忙碌的一天中喘口气，而另一些人则希望尽快把鞋擦完。”

在华盛顿特区这样的大都市，有很多擦鞋匠，赖特很清楚，仅仅服务好是根本不够的。他知道，要从竞争中脱颖而出，自己的服务就必须是最好的或者与众不同的，要么就是两者兼而有之。

更重要的是，赖特非常清楚提供卓越服务的价值，这意味着以有竞争力的价格为客户提供可靠的服务，而且不能给顾客造成一点点的不便，另外还需要一些天赋。他总在思考如何调整服务以满足每个客户的需求，从而创造与客户的亲密关系。

对于那些没时间坐下来擦鞋的顾客，赖特会为他们提供送鞋到店服务。对于那些不能来酒店找他的人，赖特会去找他们。是的，这个男人有他的过人之处，他会去办公室拜访客户——在这样一个没什么人情味的世界里，他把亲密的客户关系做到了极致。“我会去客户的办公室，在一个特别的区域设立作坊。许多员工提着购物袋过来，里面装的都是家人的鞋子，这些鞋子在他们的衣橱里放了很长时间，我能让它们看起来焕然一新。”

像所有优秀的企业家一样，赖特非常关注客户能否给他的公司带来潜在的终身价值，而不是某一笔交易的价值。他将闪又亮的持久归功于他精致的形象、对细节的关注以及用独特方式为客户提供高质量服务的意愿。

宾至如归

另一家注重保持良好客户关系的公司是家得宝公司[1]。我最近去那里买了一个灯泡。我在灯光部挑选商品的时候，一个职员走近我。

“您有什么需要帮助的吗？”他问我。

得知我在找一种特殊类型的卤素灯之后，他花了十五分钟帮我找到了合适的尺寸和瓦数。他看起来一点都不着急，让我觉得自己好像是店里唯一的顾客。不管我是花了四十九美元还是四十九美分，他都真心希望我找到合适的产品。花

---

[1] 家得宝公司：美国一家销售家居建材用品的零售商。——译者注

了这么长时间接待我，他能得到什么呢？一位心怀感激的顾客送给他的一个微笑和一句感谢（嗯，还有这本书中讲了他的事情）。

个性化服务已成为家得宝的强项。店员花很多时间陪伴顾客，因为这是一件很值得的事情，但更重要的是，他们公司制定业务战略的中心思想就是满足顾客对信息和服务的需求。我得到了合适的灯泡，在这个过程中，我还对卤素照明有了更多的了解。

更胜一筹

如果我要买鞋的话，首先想去的地方一定是诺德斯特龙[1]商场。其实我花更少的钱就可以在其他的大百货公司或服装店买到质量差不多的东西，那为什么我还要去诺德斯特龙呢？这归根结底还是取决于他们提供的优质的客户体验。无论什么时候在诺德斯特龙购物，你都一定能获得很好的体验。在其他商店购物，总是要等很久才有人招呼我，而且销售人员往往不能完全理解我的需求（其实也不太努力去理解）。我相信你明白那种感觉。这就是为什么很多人愿意多花一点钱

[1] 诺德斯特龙：美国的一家连锁百货公司。——译者注

来获得愉快的客户体验，而不是为了更低的价格去其他地方体验痛苦的购物。

我分析了闪又亮公司、家得宝公司和诺德斯特龙公司这三家公司之后，发现它们有四个共同特征：

1. 对服务的热情：真正重视服务的公司很容易识别。他们积极的态度贯穿始终：从刚见面一直持续到交易结束。如果企业或销售人员缺乏积极乐观的态度或举止，交易就注定失败。如果一个人有一种积极进取的态度，表达出“我将尽我所能确保您获得最好的体验”，这时候顾客不仅会一次又一次地回访，还会把享受到的极佳服务体验告诉其他人。我还有一个双赢的提议，那只需要一种态度，就是“我们送货上门”。

2. 对客人的重视：谁都不喜欢被当成银行账号或美元符号。我们都希望与之沟通的另一方了解我们的独特需求，并能为我们量身定制解决方案。我们还需要一个能够倾听的人。当诺德斯特龙商场的销售人员对我说：“您说了喜欢矮一点的鞋跟，所以我又拿出来两双款式差不多的鞋，您可能没注意到我把它们放在地板上了。”我知道她在听我说话。这就是我去商场买新鞋会首选诺德斯特龙商场的原因。

3. 标准的一致性：在美国的任何地方，不管走进哪家诺德斯特龙商场，我都知道我会得到同样水平的世界级服务。从一家店到另一家店，从一个部门到另一个部门，服务质量都是一致的。顾客和客户都喜欢被这样对待。我们应当得到始终如一的可靠服务，这就是为什么我们总要回到那些懂得如何“正确做事”的企业。

4. 表示感谢：每次购物结束时，诺德斯特龙商场的销售人员都会小心翼翼地把我的商品打包，绕过柜台，把商品递给我，然后说上一句“感谢您的惠顾”。赖特为某个人擦完鞋后，一般会看着对方的眼睛，露出他那价值百万美元的微笑，然后说：“希望能很快再见到您。”这些细节在时间上的成本是多少呢？不超过三十秒！而这种服务的价值是多少呢？它是无价的！

如果你做的和其他人做的一样，或者你的企业看起来和其他企业一样，那么你只是为自己增加了竞争对手。尽管我们的文化很好地宣扬了坚定的个人主义理念，但从孩提时代起，我们就经常结伴出行，就像鸟儿一样，因为融入其中是一件“安全”的事情。当我们想要得到一份工作或想要赢得一个客户时，就会尤其努力地去与人融洽相处，结果可能就是跟别人说他们想听的话，而无法做到立场坚定、诚信可靠、敢说真话。

做一个合群的人可能会在一段时间内发挥作用，但最终你会变成一个乏味的人，更糟的是，甚至会成为一个可有可无的人。如果你的外貌和声音与其他人一样，那别人还有什么动力和你开展业务呢？你要让自己那些与众不同的品质帮你从人群中脱颖而出。你应当为自己的个性感到骄傲，无论何时何地，都要善于利用自己的独特性。

意大利女演员兼电影制作人伊莎贝拉·罗西里尼（Isabella Rossellini）曾说过："真正的优雅是独立思想的体现。"你能做些什么、从事些什么或者推销些什么，才能让你独立于竞争对手？想想本章中提到的那些小细节，再想想你如何能将自己从"群体"中分离出来。

畅销书作家、领导力专家麦克斯韦尔曾经说过："人不能只靠面包生活，有时也需要一点甜言蜜语的夸奖。"当你做得超出别人的期望时，就是在给顾客或客户一些"甜头"。记住，能将卓越的人或公司与普通的人或公司区分开来的就是这些小细节，或者说"甜头"。

记住我外婆约翰逊的建议，挑战自己，"要做到最好，做得比其他人都好"。弄清楚你的竞争对手没有做什么，然后想办法做得不同、做得更好。你要提高自己，绽放光芒：结果一定会让你印象深刻，因为你也会给其他人留下深刻印象。

第十八章

感激、感恩和善举

善意难以消失，它总会回到你身边。

——科特·弗林特（Cort Flint），作家

在我们的一生当中，总要去相信一些事、一些人，也需要有人相信我们。这就是母亲在我生命中扮演的角色。曾经有人告诉我，一个人如果失去了父母，就相当于失去了自己的粉丝俱乐部，这正是母亲去世时我的感受。我再也不能接起电话，听到母亲热情地说：“早上好呀，阳光美女！”我也不能打电话向她寻求建议，或者告诉她我最近的演讲任务或电视亮相。没有人会像母亲那样关心我的成功。随着时间一天天地过去，我看到自己越来越像她，因为我试图通过自己的言语和行动让她的音容笑貌延续下去。

每当我为别人做些好事的时候，就会想起母亲为别人做过的善举——为生病的邻居煮汤、为朋友剪头发、为住院的病人做饭，等等。她一直就喜欢做一些“举手之劳”的善举，每天都在找机会把慷慨之举传递给别人。我的母亲就是这样一个善良的人。

制定清单

母亲相信，常怀感恩之心、不断付出给予是生活和事业成功的秘诀。她教会我首先要找到能让自己感恩的东西，然后真正去感受它。你或许会因为有一份好工作、能和喜欢或钦佩的人共事、你和孩子都很健康安全，或者拥有美满的婚姻或贴心的伴侣而感恩；或许你会因为从亲密的朋友或同事那里得到支持而感恩；或许你会因为家里有暖气或空调、有一张舒适的床，还有一个装满食物的储藏室而感恩。

每天晚上入睡前，回顾一下今天发生的让你心存感激之事。早上醒来，起床前，想想生活中最让你感恩的十件事。如果你是一个视觉型的人，列一个“感恩清单”，写下你最感激的五件事。把清单贴在浴室的镜子上或厨房的冰箱上，每天看一看。还有一个更好的办法，随身携带它，沮丧的时候，它是一个积极的提醒，可以让你回到正轨。每周或每月都要更新清单。当你心存感激的时候，它会温暖你的心，让你想通过善意或同情的姿态与他人分享你的情感财富。

做个行善之人

几年前，加利福尼亚州好莱坞一位名叫卡米·沃克尔（Cami Walker）的女性被诊断出患有多发性硬化症，她熟悉的生活即将发生永远的改变。与病魔斗争的过程中，沃克尔极为频繁地出入于洛杉矶的急诊室，可这种复杂的神经系统疾病还是让她几乎无法行走了。

后来，为了治病，沃克尔从她的朋友那里得到了一个不寻常的处方。她的朋友是一位非洲女药师，名叫姆巴里·克雷佐（Mbali Creazzo）。她给沃克尔的建议是在 29 天内送出 29 份礼物。“通过给予，”克雷佐告诉她，“你会专注于能给别人些什么，这会让你的生活丰富起来。”克雷佐还告诉沃克尔，礼物可以是任何东西，但给予必须是真实的、用心的。至少有一件礼物应当是沃克尔认为在自己的生活中稀缺的、有价值的。

在这一个月的经历中，沃克尔对所发生的一切倍感惊讶。她的很多礼物都非常简单——一个电话、一些零钱、一杯热巧克力，甚至在陌生人需要时给他一张面巾纸。然而，这些善举却具有变革性。

在沃克尔的处方计划实施的第 29 天，她不仅恢复了健康和快乐，还开始了一场全球性的捐赠运动。2009 年，她将自己的经历写成了一本名为《29 件礼物》（*29 Gifts*）的书，并最终荣登《纽约时报》畅销书榜单。

你也可以进行自己的实验，纯粹为了好玩，争取每天在工作中为别人做点好事，连续做 29 天，看看你的人际关系是否会改善。

将赞扬分享出去

给予不一定是物质形式的，也可以是一个简单的帮助、一个友好的手势、一句真诚的感谢、一个温暖的微笑。对于那些愿意分享荣誉、权力和荣耀的人，我们的欣赏和钦佩之情溢于言表。有些成功的高管在他的职业生涯中已经到了某个阶段，他们不愿意公开承认或赞扬那些帮助他们成功的人。这是最容易让人失去朋友和盟友、丢掉面子的做法。当你乐于分享积极的感受并向他人表达感激之情时，你也就敞开了心扉。每当你对帮助你完成目标或某个工作项目的人说“请”和“谢谢”时，你也把积极的心态传递了出去。当你对别人的生活产生了积极的影响，也就对自己的生活产生了积极的影响。

帮助他人

如果你每天出去工作的时候都带着要为别人做点好事的想法，你就创造了善业。这种意料之外的帮助是每个人都倍加珍视的礼物，你永远不知道这种善意何时会给你带来多次善报。

德里克·雷德蒙德（Derek Redmond）是英国最伟大的运动员之一。1992 年，他在参加巴塞罗那奥运会的 400 米半决赛中腿筋断裂，疼得倒在地上。

当其他选手纷纷从他身边跑过时，他看到自己的奥运梦想在眼前消失了，但是雷德蒙德还是决心要完成比赛，他强忍疼痛挣扎着站了起来，开始蹒跚地向终点线走去。

突然，惊人的一幕出现了。他坐在看台上的父亲站了起来，他躲开保安，跳到了跑道上，冲过去帮助自己的儿子。父亲搂着儿子的腰，鼓励他继续前进。观众都起身鼓掌，父子俩一起沿着跑道走到终点线。尽管雷德蒙德没有获得奥运会奖牌，但在他父亲的帮助下，他依然设法完成了比赛。

你上一次在工作中或生活中帮助别人完成目标是什么时候？如果人们知道你会在他们需要的时候出现在身边，他们就会钦佩你，把你当作一个领导者。

态度决定高度

你知道吗，你的潜意识就像一台计算机，它会接受你输入的任何信息？作家兼教师威廉·亚瑟·沃德（William Arthur Ward）曾经说过："如果你能想到，你就能做到；如果你有梦想，你就能实现。"你的想法会影响你的感觉，而你的感觉会影响你的行为。当你注意培养自己的感恩之心和良好的态度时，就像给了自己一剂解毒药，可以用来对抗那些让你沮丧的负面影响。事实上，当你选择积极的态度时，即使事情没有如你所愿或者计划出了差错，你依然会得到他人的青睐。你也可以通过一个人在逆境中的反应来增进对他的了解。

正如你所知，现如今许多工作场所都充斥着负能量，但是如果你每天都带着乐观向上的心态来上班，不管你的个人生活中发生了什么，别人都会尊重你，喜欢和你一起工作。当你建立新关系的时候，同样的原则也适用。当你以积极的态度考虑问题时，就会散发出积极的能量，吸引别人向你靠拢，并为你铺平道路迎接新的机会。不断做出积极的心理建设，比如，“今天会是美好的一天”，或者“我今天要完成那个项目”，又或者“我今天要加倍努力去认识三个新朋友”，这样你就为成功做好了思想准备。

然而，如果你陷入消极的想法中，比如，“唉，我讨厌星期一”，或者“我永远无法开始自己的事业”，或者“没人会喜欢我提供的东西”，又或者“我无法忍受我的老板（同事或客户）”，这时你的行为（包括面部表情）就会反映出你的这些想法，使得别人远离你。毫无疑问，消极的自我对话最终会阻碍你取得成功。

消极态度是会传染的。如果你大部分时间都和那些缺乏远见和目标、对生活和工作毫无激情的人在一起，他们的冷漠和缺乏热情一定会影响到你。

俗话说得好：“如果你想和雄鹰一起翱翔，就不要和火鸡一起闲逛。”如果你想和成功者建立联系，就要去寻找那些在各自领域中最优秀的人。和你最想仿效的人交朋友，花时间和他们在一起。所有的成功人士都会告诉你，如果你身边都是优秀的人，你也会不由自主变得更优秀。

良好的态度能激发积极性和主动性。虽然没人真正知道如何衡量主动性及其包含的一切，但是乐于完成必须要做的事情也是成功的一个基准。即使没人要求你这么做，你还是能从他人利益的角度出发，去发现需求并确定解决方法，这就是主动性。它关乎发现需求并做出更多的努力——因为这是正确的事情。

主动性就是用一些方法让你自己、你的公司、你的客户或同事变得更好一点。当你采取主动做需要做的事情时，你的机会之窗就会变宽。换言之，你将为成功做好准备。

表扬的力量

对大多数人来说，最近一次听到掌声可能是高中或大学毕业的时候。每个人都渴望被表扬也需要被表扬，而表扬必须是恰当而真诚的。你上一次对同事说“这份报告你做得真棒”是什么时候？或者上一次对同事或行政助理说“没有你我就不能有效地完成工作。谢谢你所做的一切”是什么时候？我相信，如果想让身边的人体会到愉悦的感觉，就应该尽可能地赞美他们。当你给了同事或客户真诚的赞美，就会看到他的心情变好了一些；能让别人度过愉快的一天，这种感觉真是太棒了。

如果你只把下属当下属，那你就该卷铺盖去找别的工作了；但如果你把他们当作同事，尊重他们，你就会一直处于有利地位，他们也会尽力帮你，让你变得更好。这些人可以让你生活得更容易，也能让你生活得更艰难，这取决于你给他们的感觉。

有句老话说：“往上爬的时候多加小心，不要踩到别人，因为下来的时候还会遇到他们。”尽你所能去鼓舞别人，这种强大有效的做法，也会一次又一次地影响到你。

第十九章

健康至上

我自己的健康处方是少些案头工作，多些草地上的赤足奔跑。

——特丽·吉列梅茨（Terri Guillemets），作家

知道吗，你在工作中的表现直接反映了你的内在和外在感受？当然，压力总是我们日常生活的一部分，但是为了在当今世界尽可能拥有竞争力、保持自信、并取得成功，自我关爱显得尤为重要。

很多人认为做足疗、选择手工浸渍黑巧克力、买高质量的床上用品就等于自我关爱了。但照顾好自己其实并不是一种自我放纵。自我关爱包括定期锻炼、吃健康的食物、保持充足的睡眠、寻求创造性的发泄方式，以及知道如何放松和放手。所有这些结合起来会帮助你在工作和生活中表现得更好。

在思想层面上，我们都知道，照顾好自己，我们的身体机能就会更好，但我们往往容易把健康视为一种理所当然的东西，尤其是当我们埋头工作或者照顾别人的时候。以我为例，我是在经历了一次重大的健康危机之后，才学会了这非常重要的一课。

十多年前，我离开白浪酒店开始创业，创业之初的责任和压力太大，以至于我都忽略了去看医生，以及做一年一度的女性健康检查。四年的时间倏忽而过，我才想起该做个体检了。我做了子宫颈抹片检查两周之后，医生打电话告诉了我一个坏消息——我患有宫颈“原位腺癌”，也就是说我被诊断出宫颈癌初期。

这怎么可能？我没有任何症状也没什么预警信号。幸运的是，医生发现得够早，我现在已经没有癌症了。我和我丈夫都经历了好几个月的压力和情感上的恐慌。如果我能更好地照顾自己，这些本来是可以避免的。但人生中的乌云背后总有一线光明，我的癌症经历教会我不要过于专注工作，要活在当下，学会欣赏生活中的小事。但更重要的是，我与癌症擦肩而过的经历还教会我，当你以坚强的意志面对困难时，你会变得更坚强、更聪明，对其他可能正在经历艰难处境的人也更有同情心。

你很可能以为工作比什么都重要，尤其是比你自己重要，但这对你的健康有害。如果没有了健康，你就不能去工作；如果不能去工作，你就不能承担财务责任；如果不能承担财务责任，你就会破产。但首先你要防止自己在精神上、身体上或情感上破产。当你在工作中感到压力很大的时候，记得问问自己：这真的值得我拿自己的健康去冒险吗？你要学会放权，不时向别人寻求帮助，需要休息的时候就休息一下。如果你健康快乐，而不是劳累生病，你对别人就更有价值。

你会因为工作失眠吗？

弗兰克（Frank）是一名收费站操作员，他上夜班，这样就可以在白天照顾年迈的母亲。下班后，他经常抱怨自己总是行动迟缓、脾气暴躁。像弗兰克这种状况并不少见。2008 年美国国家睡眠基金会的一项民意调查显示，几乎三分之一的美国员工反馈说，每个月至少有几天，他们的日常活动因为白天的困倦而受到影响。那些长时间工作的人更缺乏耐心，效率更低，难以集中注意力，记忆力下降，情绪波动，经常犯困。如果这还不够，睡眠不足还会损害记忆力，削弱免疫系统，减缓新陈代谢，而且，正如最近一些研究表明的那样，睡眠不足可能还会导致体重增加。

大多数专家都认为 8.5 小时是一个人的最佳睡眠时长，但成年人的平均睡眠时间不到 7 小时。睡眠不足的负面影响已经导致每年 160 亿美元的医疗成本和 500 亿美元的生产力损失。

市场上有很多帮助睡眠的设备，从声音舒缓的“白噪声”器（是的，我有一个，我每天晚上都用）、睡眠呼吸暂停治疗仪，到覆盖多层丝绸的床垫、矫形枕头，等等。你也可以弄到处方药，但与许多药物一样，它们可能只是掩盖症状，而无法根治失眠。

如果你想多睡一些，那就试着形成良好的就寝习惯。每晚尽量在大致相同的时间上床睡觉，还要给自己一个短暂的过渡时期。别指望看了电视或用计算机工作之后还能马上睡着，睡前吃大餐也不是个好主意，给自己充足的时间去缓解一天的压力。

房间应当保持凉爽，关掉太亮的灯。晚上休息之前，可以洗个泡泡浴或热水澡，也可以点支蜡烛读些书，或静静地坐一会。就寝前几小时不要喝酒，酒精也许会让你想睡觉，但你可能会在短时间内就醒来，而且很难再入睡。

哪怕多睡一点点也能帮助你提高工作效率，给你更好的整体幸福感，让你对几乎所有事情更有热情！

保持健康

你一定知道运动对你有好处，但是你知道它的好处有多大吗？经常锻炼的人总体上更健康，也不太生病。身体健康的高管通常比身体不健康的高管更能抵抗“林林总总的小毛病”。身体更健康的好处还包括减少旷工率和医疗开支。

如果经常锻炼，你会感觉精力更充沛、压力更小，也更专注于工作，还能有更好的心态。锻炼身体还能让你增加自信，感觉自己更有魅力。反过来，这种自信也能让你在工作中挑战自我，取得更高的成就。

体育运动并不一定是件苦差事。我最喜欢的两项运动是瑜伽和尊巴（一种受拉丁舞启发的健身舞）。我喜欢瑜伽，因为它有助于提高一个人的柔韧性、力量和平衡感，而尊巴能燃烧热量，有助于提高一个人的协调性。如果我抽不出时间去健身房，就会在晚饭后和我丈夫还有我们的狗一起散步，这是一种享受家庭时光、逃离一天压力的简单方法。找出最适合你生活方式的锻炼方法，然后去做。只要你在运动，加快了心率，你就达到了锻炼的目的，这些都有作用！

享受宁静

我们这个国家有一种“风风火火”的感觉，人们匆匆忙忙上下班，火急火燎冲进杂货店，从一个会议赶到另一个会议，甚至把吃饭都看作定时发生的事。你应当每天给自己留一些安静的时间，不管正在做什么都要首先停下来，静心待几分钟，倾听内心那个小小的声音，那就是你的直觉。我们只是小人物，不需要有太多“任务”。每天找出 15~20 分钟停下手头的“任务”，享受安宁。这对我们大多数人来说都很难，因为我们生活在一个重视忙碌的文化中。坐在那里什么都不做会让人觉得你没有效率，但其实这是一个给自己充电的机会。相信我，你的身体需要放松。时不时地让自己休息一下，哪怕只有两分钟也好。

治愈系萌宠

关于宠物给主人带来的好处，有很多有趣的研究，比如减轻压力、降低血压，甚至有助于长寿。越来越多的公司，尤其是小型企业，开始积极接受建立宠物友好型工作场所的想法。美国宠物产品制造商协会最近的一项调查表明，在工作场所养宠物可以创造更有效率的工作环境，缓解公司的紧张氛围，减少员工旷工。接受宠物的公司还能提高员工的士气。

宠物在工作场所之外也能产生积极的影响。几年前，我有幸带着奥利弗，我的骑士查理士王猎犬，一起去芝加哥。每当我独自坐飞机旅行时，通常都是专注于自己的事，很少和陌生人说话。但当我带着奥利弗一起旅行时，就没有时间阅读、午睡或做其他经常做的事情了。这是因为我要一直忙着回答陌生人的问题，比如“它叫什么名字呀？”“它多大了？”或者“它是什么品种呀？”

从芝加哥返回西棕榈滩的航班上，坐在我和奥利弗旁边的是一个年轻的士兵，他看起来还不到 20 岁。

“你要去哪里呀？”我问。

“阿富汗。”他严肃地回答。不知是命运还是幸运，我感觉冥冥中我们早就被安排了相邻的座位，因为和这个年轻人聊了几分钟之后，他提起他家也有一条狗，然后问我可不可以摸摸奥利弗。

“当然了。”我说。

两个小时的飞行中，这个士兵一言不发，平静而温柔地抚摸着奥利弗的小脑袋。他根本不需要言语。在这短暂的时间里，他可以暂时忘掉即将参加战争这件事，而专注于动物才能带来的无条件的爱和善良。

有时候我们非常珍视一些动物的行为，我相信那也是我们希望在人类身上看到的。我们很难找到一个不管我们年龄、地位、收入、外貌或性格如何都爱我们的人。有谁能总是热情地迎接你，体谅你的情绪？我们可以从这些“毛孩子”身上学到很多东西。

记住，动物让人快乐，快乐的员工也能让顾客和客户快乐。归根结底，这难道不是每个企业主都想要的吗？

激情：从假装拥有到真情实感

你知道吗，拥有积极的性格会对你的健康和工作中的人际关系产生巨大的影响？最重要的是，你可以稍微“强行”让自己保持阳光的一面。我的意思是，当你在工作中感到不开心的时候，可以试着假装开心直到你真的感到开心。你可以微笑，即使那不是你真正想做的。

如果你想更有活力、更乐观、更有激情，首先要按照自己想要拥有的感觉去做。这就是所谓的好像思维。假装你“好像”已经很快乐了。你想变得更积极乐观，更热爱生活吗？那就表现得好像你已经是这样了。保持微笑，你的颜值会瞬间提升。

杰克·坎菲尔德（Jack Canfield）在《成功法则》（*The Success Principles*）一书中提到了在一个名为“百万富翁鸡尾酒会”的研讨班上做的一项练习。他邀请所有参与者站起来，互相交流，就像在参加一场真正的鸡尾酒会一样。同时，他们必须表现得好像已经实现了人生中所有的财务目标。他指导参与者们表现得就好像他们已经拥有了想要的一切——梦中的房子、度假屋，梦中的汽车和梦中的职业——而且已经实现了对他们来说很重要的所有个人、职业或慈善目标。

我也在我的研讨班上尝试过这个练习，当时，房间里的能量级顿时飙升，真是令人惊讶。每个人都突然变得更快乐、更有活力、更热情、更外向。一开始看起来很羞怯的人也会主动自信地向别人介绍自己。

当我停止练习，让人们分享感受的时候，得到的常见反应是“兴奋”“激动”“快乐”“自信”等。然后我提醒参与者，他们的情感状态和生理状态都发生了变化，尽管他们的实际情况其实并没有改变。虽然他们在现实世界中并不是真正的百万富翁，但只要表现得像百万富翁，他们就开始觉得自己确实是百万富翁了。

当你学会有意识地管理情绪，就可以像已经实现了自己的目标一样行动了。你不能控制外界的环境，但可以控制你对环境的反应。如果你下班回到家，情绪低落，放一些欢快的音乐、看一场有趣的电影、读一本鼓舞人心的传记——任何能让你微笑或大笑的事情都可以。当你给自己一些积极的能量或热情时（哪怕是强行添加），你的情绪也会不由自主地改善。

健康，就像生活和工作中的成功一样，不是偶然发生的。它需要目标、激情和日复一日的练习。记住，这些事情你说了算。你是自己最好的能量来源，你比自己想象的更强大。保持身心健康，培养百万富翁的心态，说不定你会取得什么成就呢！成功无极限！

第二十章

用激情塑造生活

当工作、奉献和快乐合而为一的时候，你就到达了蕴含着激情的深井，在这里一切皆有可能。

——南希·科伊（Nancy Coey），作家、演说家

我相信孩子们会教给我们宝贵的一课，如果你想在生活中体验更多的奇迹，那就跟随孩子去参观他的世界。跟随一个孩子的脚步，持续几个小时，看着他玩耍，此刻你就是一个学生。记住通过孩子的眼睛看世界是什么感觉。

我的侄子奥斯汀（Austin）从八岁起，总要和我一起过夏天。每年他来的时候，我都会问同样的问题："你在这里想做什么？"他的回答总是一样的："在海滩上玩儿！"

奥斯汀来我这里就是为了玩儿。我们一起吃饭，看电影，遛狗，去海滩，把自己抛向海浪，建造沙雕，累到筋疲力尽。

如果问一个成年人："你今天想做什么？"你有多大的概率能被答复"我们一起玩儿吧"？也许这就是为什么社会上有那么多人感到紧张、不安和不快乐，因为我们已经失去了那种自然的举动。

医生兼作家奥利弗·温德尔·霍姆斯（Oliver Wendell Holmes）曾经说过："我们不是因为变老了就停止玩耍，而是因为不玩耍了才会变老。"我同意这个观点。在工作场所，聪明的领导者会用玩耍来激发人们最好的一面。一起玩耍可以建立信任和士气，培养礼貌和善良，并加强员工之间的关系。这里有一些方法可以让你把玩耍融入工作。

- 组织午餐会，每人带一个菜，为当月过生日的人庆祝一下或者庆祝节日。
- 记住，条件合适的情况下可以进行友好的比赛。组织垒球、网球、足球或保龄球比赛或者其他团队挑战。
- 志愿服务也是一种很好的方式，可以将游戏融入其中，那么就以此来对社区产生一些积极的影响吧。每周或每月设定一个日子，让员工去自己选择的慈善机构做志愿者。让他们在下一个工作日做汇报，讲讲他们了解到的情况。

如果你能发挥想象力，做好功课，就能经常让游戏在公共场所发挥作用。

为快乐腾出时间

不管我们在事业上多么成功，作为人类，我们仍然是社会动物，渴望与自己或他人进行更深层次的交流。不幸的是，许多人在疯狂的工作节奏中没有时间娱乐和交友。

好消息是，在工作和生活之间取得平衡并不是那么难。我们只需要腾出时间做一些对我们来说真正重要的事情。这就是我所说的情感活动，它能给你的内心带来满足和快乐。当你感到更满足更快乐的时候，就会在工作中对自己和他人更友善、更礼貌。

你可以请某位特别的客户品酒，或者邀请某位同事和你一起参加烹饪课或舞蹈课，还可以邀请同事和你一起去养老院给老人送糖果，或者找一群人参加徒步旅行、骑自行车或参加其他有趣的活动。这些活动都可以被视为情感活动，只要你和别人一起度过了美好的时光。

给自己一些优质的独处时间

我最喜欢的一本书是茱莉亚・卡梅伦（Julia Cameron）的《唤醒创作力》（*The Artist's Way*）。卡梅伦在书中解释了每周进行一次艺术之约的重要性。艺术之约类似于情感活动，只不过是你独自进行。找一天、半天，甚至一个小时的时间，只给自己，不给别人。置身于此，你就有了特定的时间来补充精神，就可以继续全力付出。

如果你是一个工作狂（哪怕你不是），只要进行了艺术之约，就会惊讶地发现自己的效率和创造力都大幅提高了。我们发现，哪怕有最微小的积极情绪流入时，创造性情绪的流出也会增加，这是值得的。

我喜欢的艺术之约是逛书店、去海滩散步或看电影。有时我会犒劳一下自己，去做个按摩。结束艺术之约的时候我并不一定会获得对创作走向的新意识，但一定会获得新的幸福感。

偶尔报名参加社区教育或大学课程；为了娱乐或者促进你的专业发展，还可以学习一门新的语言进而拓宽你的舒适区；也可以练习一种乐器或从事一项运动，下班后踢踢足球或打打篮球，或者参加艺术或音乐课。

对我们大多数人来说，花时间进行艺术之约事关心理和精神的存在。如果我们不为自己这样做，就有可能被所有需要我们的人和事“吸干”。所以我的建议是，做什么或者去哪里都不重要，重要的是你要行动起来！

培养创意方式

当你富有创造力的时候——也就是当你做了那些意料之外又富于想象、没人强求也没必要做的事情时——接受你这些善意举动的人才会因此而真正喜欢上你。礼貌方式和创意方式不是一回事。让我们假设有一个同事生病了，你必须去医院看望他。礼貌方式是你给他寄一张康复卡；而创意方式则是你给病人送一些气球，把它们挂在一株漂亮的植物上，或者组织办公室的人集体合影，然后让每个人在相框里的垫子上签名。

创意方式意味着你在任何特定情况下都能超出别人对你的预期。这需要想象力，也需要一点思考和准备。令我惊讶的是，在我认识的大忙人中，总有些人能抽出时间向他人伸出友谊之手，打个电话或寄一张体贴的卡片。他们总能找到时间优先考虑别人。

在我看来，你首先要为他人着想，这样才给了人们理由去喜欢你，与你开展业务、成为朋友并保持友谊。那些只关心自己的人受欢迎程度很低，而那些用了创意方式的人会因为他的努力而受到钦佩和奖励，虽然他们并不期望任何回报。简而言之，这就是为成功做好准备的全部内容。将创意方式付诸实践，你就是在为朋友和家人、为公司、为社区，最重要的是为世界，做出贡献。

致谢

演员、歌手多丽丝·戴（Doris Day）曾经说过：“感恩就是财富。”我相信这句话是对的，因为我非常感激那些了不起的人，在他们的帮助下，这本书才得以完成。

丽塔·罗森克兰茨（Rita Rosenkranz），不仅仅是我的著作代理人，还是我的朋友、同志和最坚定的拥护者。你的耐心、指导、鼓励和执着是这本书从构思到完成的关键，我非常喜欢和你分享我的写作之旅。

我很幸运，能够拥有极具天赋的作家朋友，他们慷慨地给予我建设性批评，其中最重要的一位是威利森。威利森，谢谢你每周和我见面讨论并帮我把这块璞玉雕琢成宝石，让它成为一本书。

C. 莱斯利·查尔斯（C. Leslie Charles）是一位了不起的文字大师，你的神奇之处在于能让手稿歌唱，尤其是我的。我对你的创造力、奉献精神和热情的感激无以言表。谢谢你鼓励我把心里话写下来。

我非常感谢圣马丁出版社（St. Martin's Press）的天才团队——爱丽丝·戴蒙德（Alyse Diamond）、凯西·哈克（Kathy Huck）、纳迪亚·米娜（Nadea Mina）、劳拉·克拉克

（Laura Clark）、保罗·霍奇曼（Paul Hochman）、芭芭拉·怀尔德（Barbara Wild）、杰森·拉米雷斯（Jason Ramirez）、凯特·奥塔维亚诺（Kate Ottaviano）、玛丽安·多纳托（Mariann Donato）和达纳·特洛克（Dana Trocker）。

虽然十多年来我一直坚持写作和演讲商务礼仪方面的话题，但我依然发现向聪明的朋友寻求指导和反馈很有帮助。为了这本书，我求助于维塔利、比格斯比、布莱恩、格兰特、安德鲁·C.彼得森、斯皮瓦克、兰德尔·拉布兰奇（Randall LaBranche）、肯尼·斯特金（Kenny Sturgeon）、罗伯特·希基（Robert Hickey）、赖特、维尔、沃尔德、伯纳多·J.卡尔杜齐博士和南希·霍尔德（Nancy Holder），非常感谢你们提供的宝贵内容和有益建议。

乔里·斯克尔尼克（Jorie Scholnik），我出色的同事，你总是自愿从繁忙的教学日程中抽出时间帮我研究本书中的许多主题。你不仅以审慎勤勉的态度对待每个项目，还为我所说所写的一些历史悠久的礼仪原则提供了清新、年轻的视角。

我要特别感谢我的脸书朋友、博客读者和推特粉丝，他们同意成立有史以来最好的焦点小组，并在我需要的时候提供有用且坦率的及时反馈。

最重要的是，我要给我的丈夫和生活伴侣布莱恩一个大大的拥抱和亲吻——谢谢你的爱和支持，以及在我写书的漫长时间里心甘情愿为我做饭并保持我们家的整洁。我还必须感谢奥利弗，我忠诚的查理士王猎犬，它长时间陪伴我，督促我吃饭、做拉伸和休息。

如果你正在翻阅本书，我也很感谢你。我的愿望是，你会喜欢书中的内容，能从中得到一些洞察力和灵感，能为成功做出更充分的准备。